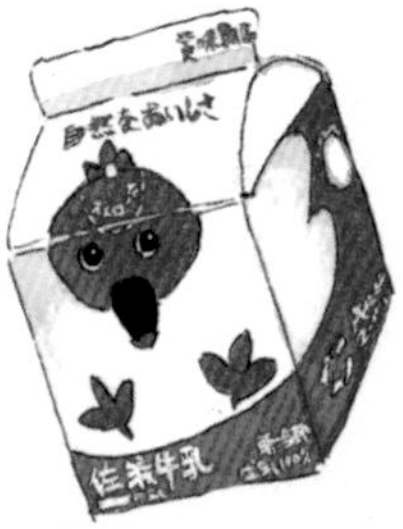
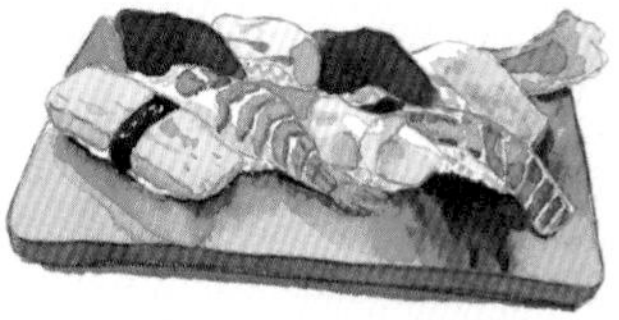
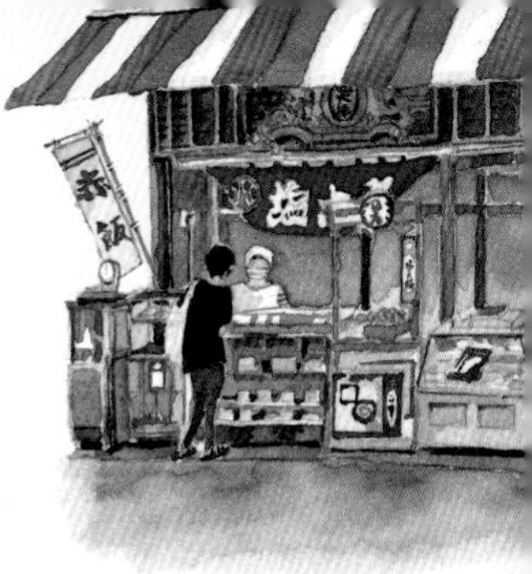
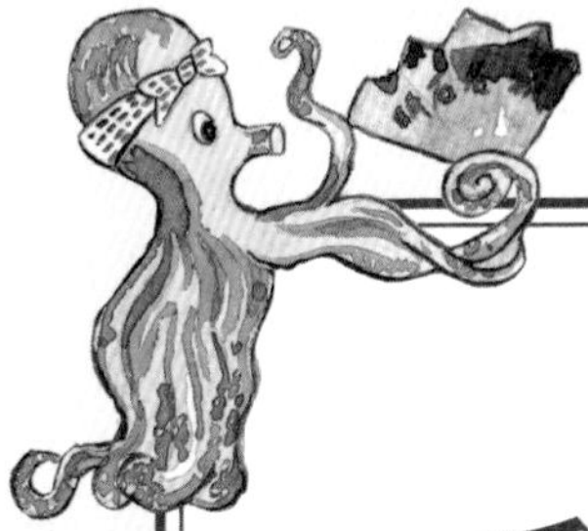
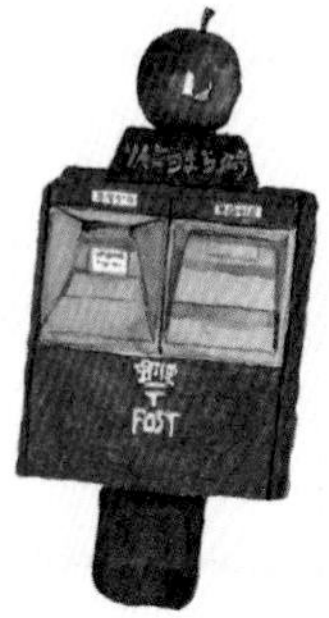
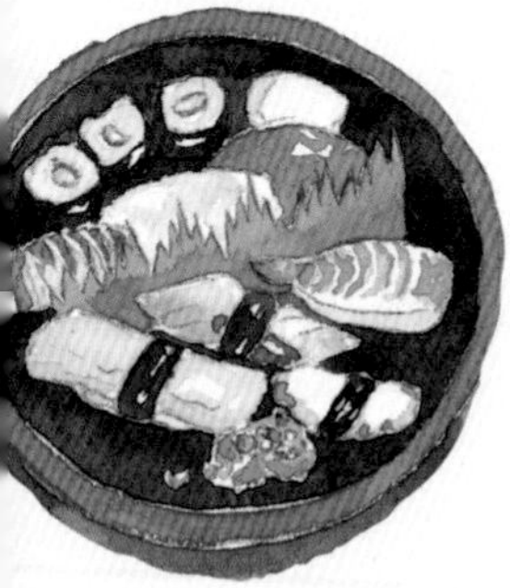

手繪旅日拾光

用插畫記錄我的日本生活

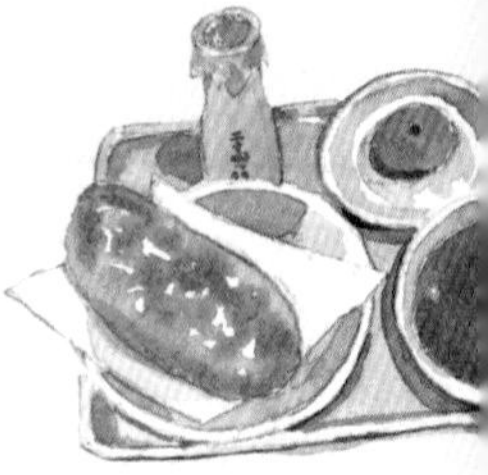
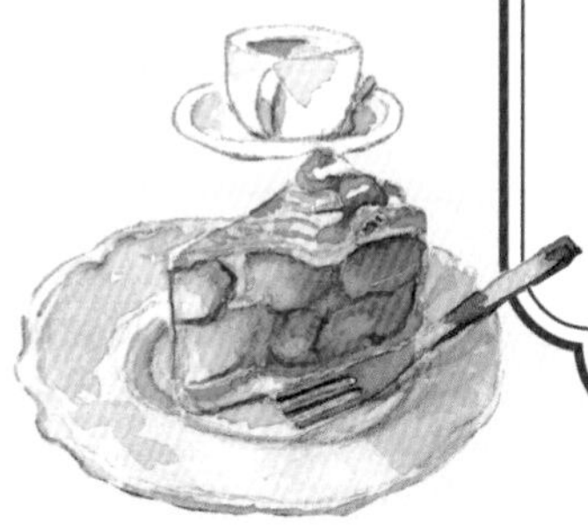

袁育嫊 著◉繪圖

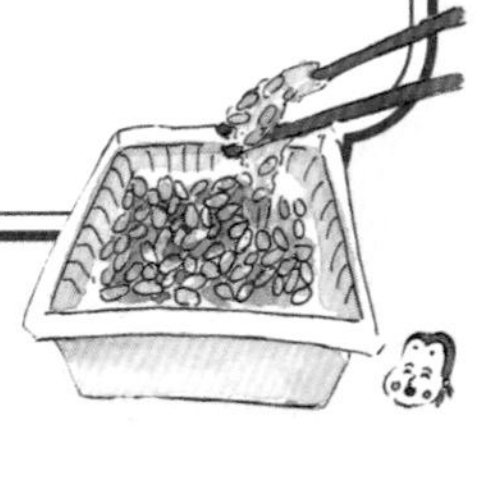
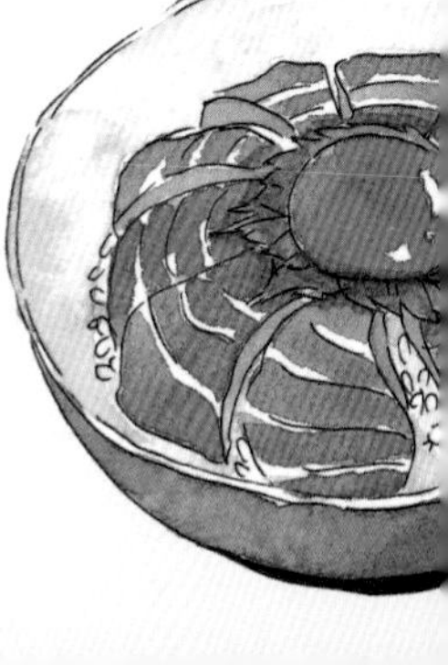
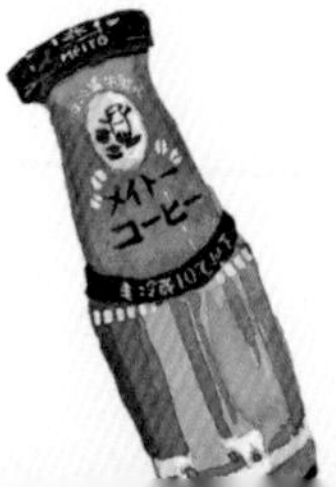
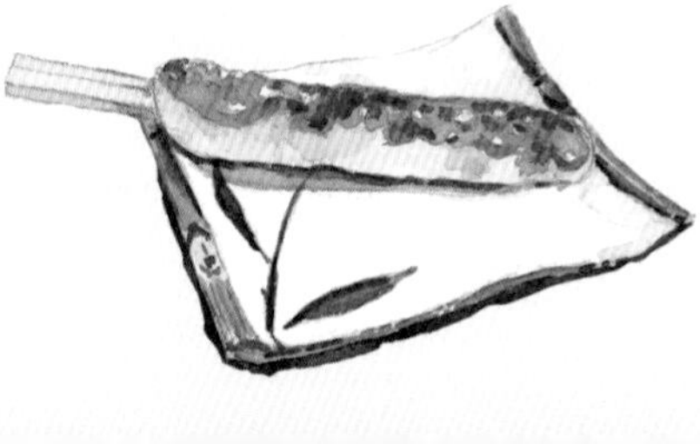

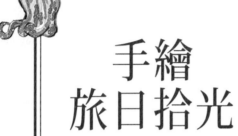

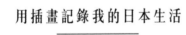

Content

自序 004

第1章 在出發之前 008
畫畫，是不是越長大，越不是單純的興趣了呢？ 008
未能實現的留學夢 010
在廣告公司上班，讓我發現內心的渴望 011
突如其來的選項：日本打工度假 012

第2章 打工度假 014
一卡皮箱隻身來日 014
關於居住的大小事 015
找打工的日子 026
我的打工 030
日本餐飲店的打工文化 040

第3章 從打工仔變身上班族 044
在日本找正職工作 044

第4章 日本自炊生活 072
終於有自己的廚房跟浴缸！一個人生活的小公寓套房 046
東京居住大不易，緊鄰商店街的巢鴨share house 049
隨著居住的環境改變心境、體驗不同文化 056
日本上班族文化觀察 057
快樂的自炊生活 072
自炊的好朋友：超市 073
有了這些調味料，就能變化出各種美味料理 074
新手也絕不失敗的超方便料理包 077
我喜歡的日本食材 080
我的超簡易食譜 084

第5章 日本的四季風物詩 092
百花齊放的春天 093
熱鬧繁忙的夏天 102
最愛的秋季，推薦的紅葉景點 108
冷颼颼的冬季 115

目次

第6章 遊記、食記 122
身為居民的旅遊方式 123
關西地區 126
東京與關東近郊 144
東北地區 160
北陸地區 174
中國地區 180
四國地區 182

第7章 日本生活大小事 184
早餐怎麼辦 184
喜歡的食物 187
文化觀察：男女有別 193
特別的體驗 194
邊工作邊準備考試 197
人物觀察速寫 199
二〇二〇年的「緊急事態宣言」 208
日本生活五年下的改變 211

第8章 關於畫畫這件事 214
利用平日去看展覽，日本的美術收藏品好豐富 215
體驗專門學校、畫畫聚會 217
先踏入這個圈子！插畫經紀公司辦的插畫進修課程 219
一邊工作一邊畫畫 224

第9章 初衷與夢想 226

感謝 229

自序

這本書的原點，是來自平常透過文字與插畫，記錄日常生活大小事的習慣。

來到日本，開始我的打工度假旅程後，為了記錄這難得的經驗，就更常在畫冊上塗鴉了。另一方面，希望透過插畫，將身為「日本居住者」、「工作者」、「旅者」的感受與觀察，以不同於觀光客時期的角度，分享給和我一樣對日本很有興趣、想去日本闖闖看的人。而我也花了一些篇幅述說了在畫插畫這條路上的心路歷程與各種體驗，希望能帶給同樣喜歡畫畫的你／妳一些共鳴或啟發。

本書記錄了我在日本五年多的生活體驗：因為喜歡「吃」，以及其背後的文化，所以畫了很多食物和食譜；搭電車觀察對面的日本人，偷偷地把他們畫下來；在台灣體驗不到的分明四季，所以畫櫻花、楓葉和雪景等等。書中的插畫幾乎是在不同時期繪製的，起初沒有想過最後會出版成書，所以風格和媒材都不大相同，亦有彩色與黑白的作品，還有一些是比較隨興的塗鴉。

將五年來的異國生活濃縮成一冊並不容易，有太多不小心曾被我遺忘的精彩片段，以及太多想要分享的故事。在挑選收錄內容的過程中，讓我重新回顧了這段漫長的日子：每一次的搬家、移動、旅行的回憶；每個工作上遇到的同事和朋友，文化上的撞擊等等。看到了當初懵懵懂懂的自己，慢慢地適應這個有點親切卻又有些距離的社會。

翻開畫冊，拿起畫筆，留下日常生活中美好的事物，進而讓正面的回憶加深、加重，然後給觀者一點點溫馨療癒的感受。我想這是我持續畫畫最大的動力吧！

我從來沒有想過，
自己真的要出發去日本了！
「我今年要出發去日本打工度假，
妳要不要也試試看？」
朋友E對剛向上司提離職的我，
拋出了這樣的邀請，
讓我踏上了這條奇幻旅程。

第1章

在出發之前

畫畫，是不是越長大，越不是單純的興趣了呢？

從小，我和大多數愛畫畫的人一樣，從家裡的牆壁到教科書，都是我的塗鴉牆。就讀國小時，因為愛看卡通，就跟姊姊一起自製家有賤狗、蠟筆小新、哆啦A夢的同人版

漫畫，還一張一張貼在家裡的磁磚牆壁上展示。

國中時，迷上了少女漫畫，人家看漫畫是看劇情，我卻研究每一格的筆觸跟排版，便開始投身畫少女漫畫，還拉著好朋友當我的固定讀者。甚至因為太想分享自己的作品，自學架設網站、發行電子報。直到高中，進入以升學為主的學校，除了念書考試的壓力外，開始思考畫畫可能只能當興趣後，我便漸漸封印了小時候那每天埋首在空白計算紙、瘋狂地畫圖的自己。

那時，我住在學校對面的教會附屬宿舍，沒有電腦與網路，對外的娛樂只有交誼廳裡的公用電視。當時也沒有智慧型手機可以上網或聊天，所以幾乎下了課就窩在宿舍裡念書。也許因為沒有太多外來的誘惑，我順利地進入理想的大學與科系。大學的好處是可以盡情地學習自己有興趣的知識，所以我開始接觸電腦繪圖軟體，更進入了相關的社團，開啟了創作之路上新的一頁。

為了找設計靈感，我常參考國內外的相關書籍，當時特別被日本的設計與插畫所吸引，進一步希望能夠看得懂日文設計書，想著搞不好哪一天可以到日本留學呢！便決定要學好日文，努力地爭取到雙主修日文系的機會。

未能實現的留學夢

二〇一一年，我好不容易申請上了日本的交換學生，還記得那時興奮地到處跟同學分享這個好消息，因為我就要達成我的夢想之一：留學。終於可以體驗國外生活，課餘時去看看日本的插畫展、逛遍日本的美術館！沒想到歡樂的氣氛持續不到幾週，三一一東日本大地震就發生了，不僅帶走了上萬名寶貴的生命，福島核電廠的報導更是天天登上頭條新聞。

我申請上的大學就在關東的茨城縣，雖然離重災區有一段距離，家人還是很擔心餘震跟輻射汙染，以及經濟方面的種種現實問題。雙重壓力之下，我痛下決定簽了放棄交換學生的單子。還記得交件後，從行政大樓離開的一路上，我的心情相當低迷，眼淚在眼眶裡呼之欲出，那個曾經離我非常近的夢想，一下子好像就幻滅了。三個月後，一畢業就直接投入職場。

在廣告公司上班，讓我發現內心的渴望

因為廣告和日文科系的背景，讓我畢業前就找到了日商廣告公司的工作。我擔任的是業務執行（Account Executive，簡稱ＡＥ），每天跟客戶、外部廠商溝通行銷活動的執行細節、跟上司一起想案子外，還有一部分是我一直很喜歡的：廣告創意提案。這部分並不是由廣告ＡＥ執行，但ＡＥ需要參與其中，掌握整體的提案進度、把關提案內容是否與客戶需求一致等等。這份工作讓我每天都能接觸到好多有趣的點子、視覺設計表現，每一個作品都一次又一次地激發著我藏在內心深處，那個想要創作的渴望。

想要從事創作工作的渴望，愈來愈強烈，其中最想做的，就是重拾畫筆。但自高中後，就幾乎沒有動筆畫畫，不但變得非常生疏，也不知道如何好好運用媒材作畫。所以我開始利用假日去畫室學畫，從基礎的素描開始，到後來又學了水彩、上了插畫課、大量地閱讀相關書籍。即使平日忙得焦頭爛額的廣告工作讓我疲憊不堪，但到了假日去學

畫時，卻好像充電一般神奇，一週的疲勞竟一掃而空。

另一方面，公司內不少留學日本回台的同事，每當日籍客戶或日本同事出差來訪時，都能自然地接待、翻譯、聊天。他們口中的日本經驗令我羨慕不已。雖然當時放棄留學是自己決定的事，但它卻像一根小刺，一直埋在我的心頭。偶爾被這些刺激勾起，都會隱隱作痛。

好想畫得更好、好想創作些什麼、好想把日文練得更好……這樣的聲音一直在心中盤旋。

突如其來的選項：日本打工度假

後來我決定要正視這股熱切的渴望，雖然還沒有什麼具體的計畫，但我覺得必須要採取行動才可能有所轉變，所以毅然決然提出了辭呈，離開了工作快四年的廣告公司。

在我決定離職後不久，朋友E問我要不要申請日本打工度假簽證。她已經申請上了，打算過一陣子就要出發。一直以來，我因為日本留學的高額費用，漸漸打消了去日本的念頭；也曾經把「打工度假」看作是一種逃避人生的貪玩活動。但想想，從大學一畢業，花了三天搬家，就立刻拎著包包去上班，過著常常忙到深夜才回家的日子，現在總算有一個逗點讓我可以選擇不一樣的路走走看，何不一試呢？而且我學了三年的日文，一直以來也對日本的廣告、設計、插畫深深著迷，或許可以透過打工度假的機會，好好體驗一番。

然後我在隔年春天，第一次一個人搭飛機，拉著一只二十九吋行李箱和幾個隨身包，就踏上了日本的國土。

第2章

打工度假

一卡皮箱隻身來日

我帶去日本的行李並不多，其中最重要的是筆記型電腦、手機、印章證件、現金跟信用卡，其他還有基本的衣物、保養盥洗用品、化妝品。居住一年感覺需要很多行李，但其實日本的生活用品很容易入手，百元店就可滿足大部分的基本需求，不太需要在初期就從台灣搬一大堆東西過來。

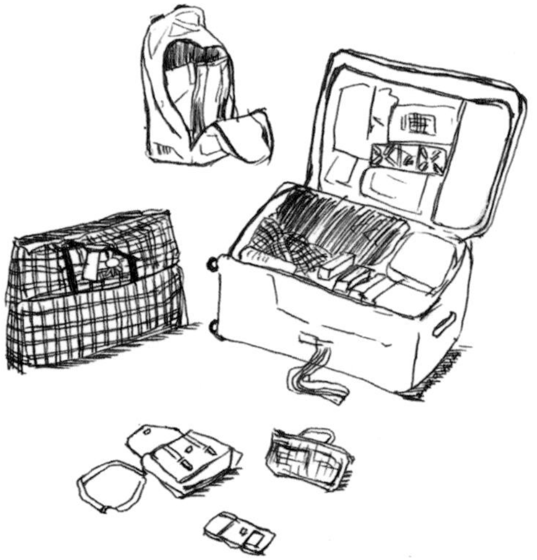

一個二十九吋布質行李箱、一個背包、一個小側背包、一個手提行李包，塞進了全部的家當。

關於居住的大小事

入住airbnb，七天之內要找到住處

出發至大阪前，最令人擔心的就是居住問題了。很多打工度假者會直接在出發前，透過網路訂share house。我當時覺得還是親眼看一下環境再決定比較好，所以先訂了一週的airbnb，同時在網路上和好幾位房仲約在這一週內看房。

這間airbnb位於大阪鶴橋站，還貼心地提供接送服務，對於提著笨重行李的我來說，真的是幫了一個大忙。只不過當時發生了一個小插曲：我因為下了飛機之後急急忙忙趕巴士，忘記在機場買上網用的SIM卡，到了和房東相約的車站時，卻連不上車站內的免費網路，而我也不知道房東的長相。苦苦等了一個小時，眼看著似乎要流落街頭，居然還哭了出來，好在最後發現有一名一直在看手機，並四處張望的中年男子，最後我們相認，才鬆了一大口氣，平安地抵達落腳處。

鶴橋是大阪著名的「韓國城」，因戰爭而移民來日的韓國人當中，有一大部分來到

關西，並聚集在鶴橋、桃谷一帶，形成了這樣的特殊市容。韓式燒肉店和雜貨店盤據了鶴橋車站周圍，而我的住處是韓國街的反方向，小型工廠和民房坐落於此，少了燒肉煙霧繚繞的熱鬧氣氛，反而幽靜許多。

我入住的airbnb是獨棟的房子，一進入房間，眼前有兩張偌大的雙人床和一個日式小茶几，對於隻身一人的我顯得過於空曠，聞著空氣裡新房子的獨特氣味，覺得一切都好陌生……。我趕緊把行李整理好後，立刻打開電腦與家人連線

（那時候手機還不能上網），因為是第一次出國長居，還不知道之後要住在哪裡，要打什麼樣的工，會遇到什麼樣的人，對於未知的一切感到十分不安，所以第一晚聽到網路那頭爸媽的聲音後，覺得好想家，便瞬間哽咽了。

第一晚非常難熬，一個人躺在雙人床上，看著天花板上吊掛的日式吊燈，想到昨晚還是家裡的雙管日光燈呢！不安與寂寞的情緒一波波地打在心頭，但為了第二天找房子的行程，便拉上被子，得快快入睡了。

什麼是share house

日本的租屋方式和台灣不同，通常租給房客的物件就只是一間空屋，有時候空到連燈泡跟冷氣都沒有，當然冰箱、洗衣機、床板、桌椅等等都需要自行購買。而且契約通常是兩年，房客不僅要支付租金，一般還有押金（退房時不會全部退回來）、給房東表達感謝之意的禮金，以及消毒、更換鑰匙、火災保險等大大小小的費用；網路跟水電都還要自己申辦，加總起來也是一筆龐大的費用。

像我這樣剛抵達日本的外國人，對申辦大小事一竅不通、只短暫停留一年的打工度假者，大多數人會選擇附基本家具、水電網路全包、又有專人每週打掃公共區域的「share house」。簽約期較短，從三個月到一年都有，只要一卡皮箱就能入住；手續也相對簡單。好處是方便又有機動性，人生地不熟的情況下，如果室友們能互相幫助，會是比較安心的選擇。不過也是要承擔萬一遇到生活習慣不合適的室友、公共空間整潔度不佳的風險。有利就有弊，端看個人的選擇了。

找房子大作戰，各形各色的房子與房仲

在日本，一般的租屋管道都是透過仲介，即使入住了也不會見到房東的廬山真面目，大小事都會透過仲介商談處理，不像在台灣，大多可以直接與房東聯繫。我在台灣時，透過搜尋Facebook社團、PTT等各大平台，四處尋找合適的share house。這七天內，我約了四名仲介看房子，等我終於在第七天決定簽約時，總共看了十三間物件！

地域性的不動產公司通常有自己的公司車，會載著客人在該區域內看房。另外也有帶客人搭電車移動的方式，還會幫你買車票，一路上奔波不需要自己支付交通費。令我最印象深刻的，是其中一位不動產公司的社長開著百萬名車帶我看房。讓我體驗到小小

打工仔搭乘著BMW，在日本街道穿梭的奇妙違和感。

看了那麼多的物件，見識到各形各色的share house：跟房東同住一棟，且樓下是房東的辦公室；廁所還是採用和式便器；房間小到連攤開行李箱都很困難；男女同住但洗澡沒辦法鎖門；沒有附衣櫥或置物櫃、書桌；還有房東會做菜給大家吃、提供公共食材；觀光客時喜歡體驗的日式榻榻米房，反而在租屋市場較沒有人氣等等。

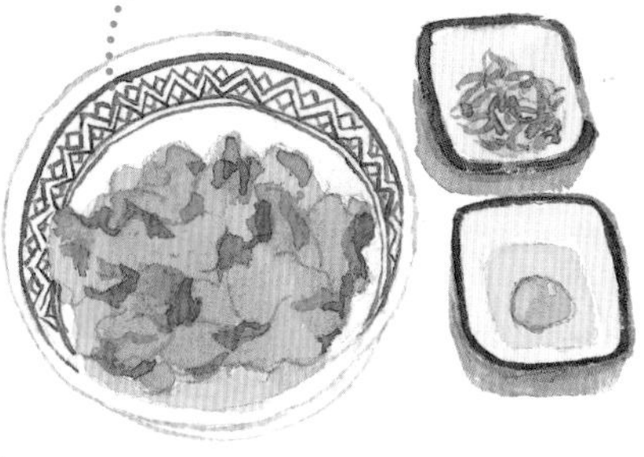

還沒找到打工，不敢奢侈消費，
幾乎都是吃吉野家和超市便當。

最後我選擇了一個雖然離車站走路超過十五分鐘，但是環境令人滿意的房子。我的七日找房大作戰終於告一段落，心中大石頭也總算放下了。

回家的路好遠！但有好風景就值得：江坂的家

我在日本的第一個家，就是位於大阪府吹田市江坂站的share house，是一間不動產公司宿舍改裝而成的二層樓建築物，房間的裝潢很像大學宿舍，長長的走廊兩邊各有一排房間，走廊的兩端設置了一小排洗手台；每間房間還附一個小陽台，所以室內採光不

錯；兩格大大的木製衣櫥，可以塞進很多衣物跟我的大行李箱。最令我滿意的是，桌面很大，可以讓我將水彩用具一字排開來畫畫。

我住的二樓為女生樓層，一樓則男女皆可入住，還有廚房、交誼廳及浴廁；外面可以停放腳踏車。廚房裡有專屬的置物空間，放置自己的碗筷和調味料。

其實房子內裝不是最吸引我的部分，讓我決定這個物件的要素，是從車站走回家的沿途風景。江坂車站非常熱鬧，附近有東急手創館、優衣庫、星巴克、各大藥妝店、百元店跟大型超市、餐飲店，生活機能十分便利。不過出了這塊熱鬧區域，就會進入幽靜的住宅區，眼前視野變得遼闊，看起來古色古香的「一戶建」（獨院住宅），有台灣較少見的屋瓦、三角形的屋頂，還有石垣圍牆跟種滿了植栽的院子，每棟房子各有其特色，而且每戶占地寬廣，甚至有幾棟房子的面積大到讓我以為是幼稚園呢！

在日本，搬了家後要去當地的市役所（類似台灣的區公所）辦理遷入登記，當時我一直以為自己住在大阪市，拿到資料後才發現是大阪府的吹田市，這是吹田市的吉祥物。

一路上多是上下坡及小石子路，托行李箱的時候需要費很大的力氣，即使想搭計程車，有些路卻狹窄到車子是進不

其中一段回家的路，是個微陡的小坡道。身旁有好多小學生跟中學生正放學回家。像日劇裡演的一樣，揹著大大的皮革書包，鐵定會掛一個重重的水壺、手上拎著媽媽親手縫製的手提袋。每每經過這一段石垣道，被傳統的日式建築物包圍，就覺得能住在這裡真是太好了。

來的。但就是這種別於都市水泥路的特色深深地吸引了我。

少了高樓的遮蔽，傍晚回家可以看見橘紅色的夕陽；到了晚上仰頭就是滿天星斗；春天聽的到鳥兒唱歌；夏秋之際則換成激動的蟬鳴；冬天的白雪堆積在各戶各家的屋頂瓦片上，格外浪漫。還能觀賞隨著季節變化，從圍牆冒出頭的植物及鮮果：梅花、橘子、檸檬、梅子、玫瑰、繡球花、牽牛花、桂花、夜來香等等，有如都市裡的一片綠

每到春天，就會有一大批相撲選手入住附近的相撲部屋，常常與身材壯碩的選手擦身而過，或遇到他們在超市買菜。

從江坂神社往參道的一方眺望，直直地走過去，不遠處就是我家。

洲。

我住的地方，走路不到五分鐘就有一個在半山腰的「江坂神社」。某天我與室友們還參加了當地的「江坂祭」，一起圍觀日本阿伯們抬神轎，熱熱鬧鬧地繞了社區一大圈，最後繞到神社。我們一行人在那邊參拜、拍照，是非常難忘的回憶。

從祭典那時候起，我就特別喜歡去江坂神社（感覺像當地的土地公廟），這裡更變成了我在異國生活遇到困難或煩惱時，讓內心獲得平靜的地方之一。

住家附近的一棟大房子，遼闊的院子裡養了一隻柯基犬（據説牠叫做ロンちゃん），牠總是看似無聊地卡在鐵門下方睡覺或發呆。有時候我與室友經過時，還會開心地跑到門邊讓我們摸。離開大阪前，我回到江坂一帶散步，看到牠剛好在院子裡，還特地跑到門邊看著我，彷彿是在跟我告別呢。

找打工的日子

在抵達大阪後不到十天內，我找到了房子、辦好了相關證件、手機，接下來就是重頭戲：「找工作」了。大部分的人都在打工平台上登錄，或利用「公共職業安置所：Hello work」找到工作；另外如果有足夠的人脈，透過互相介紹也是一個有效率的方式。

我後來決定先去位於大阪梅田的Hello work。那裡有專門為外國人找工作的服務，協助打電話給店家詢問是否能面試。如果日文能力不高，那裡也有會講中文的職員提供協助。對於初來乍到，還不清楚日本面試、找工作規則的外國人，是個滿推薦的管道。

到了Hello work外國人雇用服務中心，先填寫好個人資料後，會拿到一張卡，上面有自己的編號，然後透過專用的電腦搜尋職缺，把職缺表列印下來後，就可以拿到窗口，請專人幫你打電話，詢問是否能安排面試。

負責幫我打電話的職員是一位看起來很慈祥的阿伯，他簡單詢問了一下我的基本資歷後，就開始幫我打電話。當時我緊張得心臟怦怦怦地跳著，好希望能快點找到工作，不停地在窗口的另一端祈禱，雙眼緊盯著對方手上的電話筒……

最後我拿到了兩個面試機會，一個是高級飯店的懷石料理店前台，另一個是設計公司的平面設計。阿伯還建議這兩個地方都在梅田，可以離開後先去面試的店家探探路，免得當天迷路。我緊張又興奮地拿著職缺表跟面試介紹函，趕緊照著地圖指示，把電車站到店家的路徑走過一遍，才安心地回家準備下一關的面試。

比想像中辛苦的面試前準備

日本的面試和台灣很不同，禮儀規矩跟固定用語相當多，連日本人都要再三練習，對於外國人，就更得卯足全力了。光是服裝方面，套裝、黑色包鞋、素面皮包、不能染太誇張的髮色（最好是黑髮）、女孩子盡量把頭髮綁成馬尾、要畫淡妝卻不失朝氣的妝容等等。不過現在也有很多打工面試會標註不需要穿正裝面試，只要有「整潔感」就可以。

我上網蒐集了好多面試用語資料，用力地大聲練習，不過這還不要緊，最艱難的居然是寫履歷表。日本的打工履歷表大多要手寫，並且用黑色的原子筆，還不能修改，寫錯一個字就要重寫一張。我就算戰戰兢兢地一個字一個字填進履歷表，還是常常要重寫個兩三遍，寫到手指頭又痠又痛。

找到我在日本的第一份工作——懷石料理店

懷石料理店位於梅田的阪急國際飯店二十五樓。進入飯店大廳後，映入眼簾的是高級又華麗的裝潢、擦肩而過的服務生們看起來乾乾淨淨又彬彬有禮，讓我更加緊張……。我在櫃台打了聲招呼後，進入店內的單間等待面試官。我趁著等待的空檔默背著自我介紹，不久後進來了兩位面試官：身穿和服的女將（料亭女主人）散發出莊嚴的氣質；髮色銀灰的男店長則梳著油頭，穿著筆挺的西裝。跟日劇裡看到的高級餐廳的主管一模一樣，來到日本第一次面試就面對這樣的環境，讓我備感壓力。

即使緊張到快要抽筋，還是得使出渾身解數，把準備好的面試用語字正腔圓地說出來。也許是靠著這股熱情，最後店長告訴我，早餐時段因為有很多外國旅客，會比較合適，但是六點半就要上班，問我是否可以接受。我當下很渴望能趕緊工作賺取薪水，也沒有想太多，就立刻回答願意配合！

面試結束後，有一種如釋重負的感覺，便踏著輕鬆的腳步，去附近的阪急三番街享用午餐。約莫幾個小時後，手機突然響起，我緊張地接了起來，話筒那頭傳來很重的關西腔，是一位大阪歐巴桑，用飛快的速度告訴我，過幾天去懷石料理店上班，要穿什麼樣的服裝等等。

掛了電話後感到又驚又喜，我終於找到在日本的第一份工作了！但也有點納悶電話那一頭的歐巴桑會是怎麼樣的人呢？抱著一顆不安的心情，準備迎接新的一頁。

努力的過程成為了我的養分

當然找工作不是每一次都那麼順利，另一個平面設計的打工，我就被刷掉了。後來因為打算兼兩份工，所以應徵了不少工作：包含家具店店員、螃蟹專賣店服務生、海鮮居酒屋店員、插畫咖啡店、補習班助教等等。我當時為了能在工作中盡量練習日語，特地避開觀光客人潮最多的難波、心齋橋一帶，想找日本客人多一點的店家，但相對地就比較沒有錄用外國籍員工的需求，所以屢屢碰壁，這些面試失敗的主因是當時的日文口語不夠好。當下真的非常沮喪，但回想起來，也是因為這些失敗的經驗，才讓我下定決心要把日文練好。

找工作的時候，下了電車就會不自主地蒐集車站內的職缺刊物，並每天瀏覽職缺網站；經過餐飲店時，不是觀賞令人垂涎三尺的食物模型，而是先注意門口張貼出來的徵人告示；寫履歷表時，握著黑色原子筆，深怕一筆下去萬一寫錯字又要從頭來過……為的就是努力把自己推銷出去，得到一份能夠安穩地在國外生活的收入。

雖然只是應徵時薪不到千圓的打工，為了準備履歷表跟面試，不斷地練習口說、蒐集店家資料，無形中日文也進步了不少。回過頭來想想，比起找正式的工作，找份打工並不是那麼困難的事，只是當時都是第一次體驗，加上對我的日語能力不夠有自信，把自己「看小了」，在心理上給自己太大的壓力罷了。很多時候我們覺得很難的事情，如果勇敢地面對它、準備它、克服它，就算結果失敗了，但我們終究是獲得成長的贏家。

我的打工

打工度假的一年裡，我經歷過數次的打工面試，最後總共做過三種工作：懷石料理店、拉麵店、天婦羅丼店。

之所以會選擇餐飲店，主要是因為我很愛美食，也很愛做料理。日本的餐飲店文化跟台灣很不一樣，以前去日本旅遊的時候，也最容易接觸到餐廳的服務，所以一直很想試試看餐飲店的打工，而且幸運的話，還有員工餐可以享用呢！

來自京都老舖的懷石料理店

在懷石料理店，主要的工作是飯店早餐時段的前台服務。前台的工作大致上為：引導客人入座、泡茶、送茶水跟毛巾、點餐、送餐、補充茶水、收銀、收拾桌面。除了前台的工作，我有時也會輪班進入廚房洗碗（日文：洗い場）。每天可以依照飯店方提供的早餐券數量，大概掌握當天的忙碌程度。

因為是懷石料理，一份早餐定食要價台幣一千多元，來用餐的客人要不是入住飯店的旅客，就是金字塔上端。也因此待客的禮儀跟細節相當多。飯店為了確保每位服務人員了解待客禮節，在員工電梯裡還會貼一張鞠躬守則——三階段敬禮：十五度的「会

懷石料理店在飯店的高層。為了趕上早上六點半的打工，早晨五點要起床，常常一路跑步去趕電車，氣喘吁吁地從車站仰望著這棟大樓，一天又要開始了呢。

我的上班制服。除了早餐時段，其他時段的制服都是和服。比起優雅的和服，這種容易活動的制服更深得我心。因為怕早上換裝太慢而遲到，所以我出門時就直接穿著制服的白襯衫，絲襪也先套好。

釈」，是和上司或客人擦肩而過時最輕的敬禮；三十度的「普通敬禮」是早上見到上司或迎賓時的敬禮；四十五度的「最敬禮」則是慎重地打招呼或道歉時使用。

連日本人都搞不清楚的繁文縟節，加上複雜的敬語，讓我招待客人時總是戰戰兢兢、心驚膽跳。而廚房的氣氛也如戰場一般，一刻都不能鬆懈或嬉鬧。再加上每天都會遇到來自各國的客人，我的重要工作之一就是協助翻譯，翻譯成中文還覺得游刃有餘，若換做英文就真的讓我頭痛不堪。很多日本的食材和料理方式，突然之間還真不知道怎麼說明，常常雞同鴨講，鬧出一堆笑話。

這裡非常重視「旬」（季節）的變化。除了早餐時段，套餐的菜色會隨著季節採用不同食材；店長跟女將還會用心地更換店內擺設：例如女兒節會放上配對的小人偶、夏天為了營造盛夏的氣氛，會在隱蔽處置放鈴蟲箱，讓客人彷彿置身於大自然一般。秋天時，店長會擺上好幾個

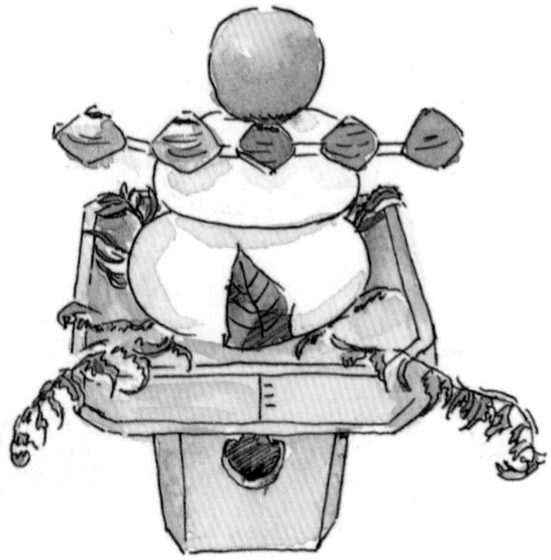

店內會隨著季節和節慶更換擺飾，到了過年期間，店裡就擺出這種雙層麻糬「鏡餅」，祈求圓滿、豐饒。

他親自去山上採集的楓樹苔球。

因為是一大清早的打工，我的前台同事除了幾位大學生外，幾乎都是年過半百的家庭主婦。同事們非常親切，常常提供零食和咖啡，一起在茶水間享用。而且還會熱情地教我日文和關西文化、告訴我哪裡好玩。甚至打工度假結束前，在找正職工作時，也受到很多來自她們的鼓勵與支持，甚至把自己女兒求職時的套裝都借給我。

懷石料理店的廚房一直都是個嚴肅又令人神經緊繃的地方。廚師之間的上下關係相當嚴格，前後輩、年資的關係反映在彼此對話用詞與工作的內容。其中，料理長彷彿背後會發光，如神一般的存在。當他踏進廚房後，廚房全體廚師便會肅然起敬打招呼，而我們要趕緊送熱茶到他的辦

三月時，參加了懷石料理店的春酒會。大家一起搭車到京都本店，享受一整套懷石料理。適逢女兒節期間，這道壽司，是不是很像一對佳偶呢？

日本人會過兩個情人節，二月十四日時，女生送男生巧克力；三月十四日的白色情人節則由男生回禮。因為店長收到了我發給大家的巧克力蛋糕，白色情人節時回了我一盒好高級的巧克力禮盒，真是受寵若驚！

公室，早餐時段結束後還要送份報紙給他。

為了這份打工，每天天沒亮就得起床，遇到連假就忙得不可開交，時薪也沒有比較高。即使如此，我還是選擇做滿整個打工度假的一年。因為我真的很喜歡這裡優雅的環境和團結的氣氛，以及開朗、有趣又溫柔的同事們。

本町的拉麵店

僅有一份早餐時段的打工，無法打平在日本的生活費，所以我後來又找了一份打工，是位於御堂筋線本町站的拉麵連鎖店。我總是在上午的早餐工作結束後，利用短短三十分鐘

西脇さん，早餐時段的主任之一。來自長崎，結婚後一直住在大阪，是非常有氣質的女士，專長是料理跟書道，另一個身分是書道老師。第一天上班就是她帶著我上手。非常溫柔，又很喜歡抱著我的手臂跟我聊天。總是教我好多日本的傳統文化、推薦美麗的風景。

空檔，於阪急三番街的某個角落，吃我自己準備的簡易便當，然後就急急忙忙地搭電車準備上工了。

拉麵店的氣氛與我上午的打工完全不同，不求動作優雅輕盈，就是要快狠準。點餐、上餐時都要大聲復唱，全體員工一起「營造出元氣滿滿的用餐環境」。

本町站附近的上班族非常多，所以一到中午時段，便會湧進大批身著西裝的大哥大叔，讓原本空空蕩蕩的拉麵店不一會兒就大排長龍。午餐時段經常忙得不可開交，有時候連餐具都來不及補充，洗碗機更是一刻都沒有停下來過。當時正值大阪的酷熱夏天，廚房更是悶熱得像烤爐，每次下班時，制服跟包在毛巾裡的頭髮都已被汗水浸濕，累到在回家的電車上睡著。

店裡除了一到兩名日籍的員工，其他都是打工度假的台灣人。後來其他台灣同事陸續回台，店內沒有另外招聘新的人手，越來越忙碌之下，我居然在三個多月內瘦了三、四公斤。考量到體力等種種因素，我決定先以早上的

上午還是舉止優雅的料亭服務生，下午就搖身一變，成為一身黑漆漆的拉麵店員工。瀏海不能露出來，所以要用黑毛巾包住，滿身大汗後摘下毛巾，髮型就慘不忍睹。

懷石料理店為主，就結束了拉麵店的打工了。

米其林餐廳旗下的天婦羅丼店，我是初代員工之一！

當時這家天婦羅丼店正準備在ＪＲ大阪站內開幕，我很幸運地成為首批員工。因為

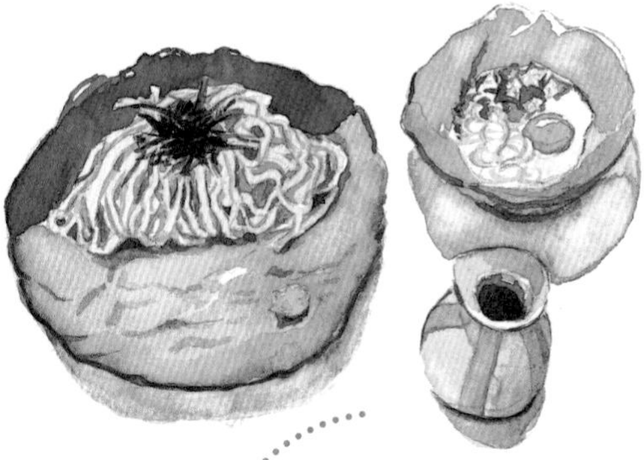

到了夏天，拉麵店推出了涼爽的山藥沾麵，還取名叫「涼」（ryo）。柴魚口味的清爽醬汁拌入生雞蛋和山藥泥、秋葵，非常好吃。

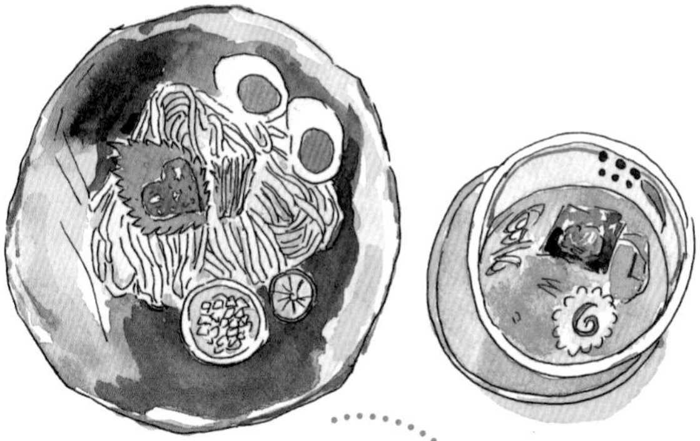

上班最後一天，打卡後換下制服，一出更衣間，發現店長為我準備了特製的員工餐，在沾麵上加了所有我喜歡的配料！有糖心雞蛋、酢橘、叉燒、和一個店長自製的愛心形狀梅子泥！當下又感動又驚喜，實在捨不得吃啊！

是米其林二星天婦羅店旗下的平價版店鋪，所以無論是餐點還是餐具、外帶的包裝和店內裝潢，都看起來相當有質感。

開店前一天，我們這些「初代員工」，還參加了集體說明會，包含衛生觀念和各種禮儀等注意事項，身為開店元老員工，某種程度上還挺令人感到興奮。而且一想到可以使用燈光明亮又寬敞的用餐休息間，還有微波爐可以熱便當，就不用再躲到地下街的角落啃飯糰了。

我應徵的是前台的工作，店家原本預想在交通要塞的車站內，應該會有很多外國旅客，如此一來，我的中文能力就可以派上用場。不過意外地，天婦羅丼似乎沒有其他店家吸引外國旅客，大多是因為「米其林二星旗下的店」慕名而來的日本客人，所以後來我也會到廚房幫忙洗碗或備餐。

備餐的工作相當有趣，收到點餐單後，把米飯盛入木桶中，備好小菜跟味噌湯，再把廚師炸好的天婦羅一一切成一口大小，依序擺入木桶中，最後淋上獨家的天婦羅醬

當時的制服是白色的短袖Polo衫和墨綠色的圍裙，圍裙有好幾個口袋，可以放結帳小工具和點餐用的手機。冬天的時候就在襯衫裡面加件黑色的長袖衛生衣。

廚師為我準備的客製化員工餐。我們店的對面是一家生鮮蔬果店，有時候店長為了幫大家加菜，會到對面採買新鮮的蔬菜炸成天婦羅。

汁。對於喜歡做菜的我，這個過程非常療癒。而且送餐到客人桌上時，看到客人們興奮地說「看起來好好吃喔！」時，覺得非常有成就感呢！

在天丼店一天打工滿四小時，就可以獲得員工餐一份。廚師都會很貼心地問我們要吃什麼食材的天婦羅，然後就可以享用客製化的員工餐。在員工休息室用餐時，我會觀察其他店家的員工們，若不是吃員工餐，就是自己帶便當。日本人真的就像日劇裡演的一樣，便當盒都是小巧又精緻，還會將包巾攤開當成桌布。我則是為了輕便又可以微波加熱，用一般的保鮮盒，便當菜內容也不講究配色，只要營養均衡、有飽足感就夠了。

不太吸引外國客人的天婦羅丼店，最後過了一年多就收掉了，很快地又有另一家餐飲店進駐。每每經過JR大阪站，遙遙望去那曾經熟悉的角落，就會想到當時緊張地拿著點餐機，幫客人點餐的種種回憶。

日本餐飲店的打工文化

從我個人的三種打工經驗裡，歸納出我所觀察到的有趣文化。

打工前十～十五分鐘要到場

「提早到工作現場準備」已經是在日本既定俗成的規矩，我一開始並不太習慣。無論是打工或上班族，必須「一到表定時間就立刻進入工作狀態」，所以在那之前換好制服，做打掃工作或交接準備，才能讓工作順利進行。如果沒有提早到場，雖然不會被算遲到扣薪水，但因可能會造成其他同事的麻煩，人情壓力也是挺令人在意的。

關於入座／併桌

在懷石料理店帶領入座時，帶位順序根據座位位置有所不同：優先領位到靠窗且較隱蔽的位子；靠走道且離窗外美景最遠的就是帶位的最後選擇。而商務人士或社長級的人物，就會開放獨立個室。跟我一起打工的資深歐巴桑，光看對方的服裝跟舉止就可以立刻判斷如何帶位，實在令我佩服。另外，如果帶著幼童的家庭，也會提供個室，即使小朋友嬉鬧哭叫，家長也不用擔心會干擾到其他客人。

在日本，比較沒有跟陌生人併桌的習慣（不過有些平價餐飲店還是會詢問客人是否能接受併桌），所以如果兩位客人入座四人桌後客滿了，就會讓下一組客人等到有空位再入座。另外，在台灣常常於排隊時，如果先空出了一人的座位，就讓一位的客人先行入座。但在日本，大家非常遵守排隊順序，即使單獨的座位空了出來，若前一組客人還沒入座，就得繼續等候。

● 濕毛巾、味噌湯、白飯的擺放方式是有學問的

這也是從懷石料理店學到的知識。一開始為了搶快，我將濕毛巾放在毛巾碟子上就立刻送出去。後來被前輩糾正，才知道濕毛巾的捲邊側不可以對著客人，而且開口處必須朝下。而定食類的料理，米飯類等主食是在餐盤的左下方；味噌湯則在主食上方（關東地區則在右下方）。如果擺反了可是大不敬，要特別小心。

打招呼的方式

日本職場上還有一個跟台灣不同之處，就是早上要大聲打招呼說早安。見到同事（不管你今天遇到他幾次）一定要說一聲：「辛苦你了。」（お疲れ様です。）下班前還要跟大家說：「我先下班，大家辛苦了。」（お先に失礼します。お疲れ様でした。）

對於頂多微笑點頭、下班默默閃退的台灣人，一開始還真是有點彆扭。這幾句日文雖然不難，但要練得像反射動作還真是不容易。起初常講到舌頭打結，鬧出一堆笑話。

在餐飲店打工更是注重這種打招呼的禮儀，而且上工時，無論時間早晚，都是喊：「早安！」（おはようございます。）據說是因為對任何時段的員工而言，都是工作日一天的開始；另外還有一說：日語的「早安」是打招呼用語中唯一的敬語，所以在面對眾多前輩時，即使是晚上也要道聲早安。

為了禮貌而產生的暗號

日本的餐飲店，很注重客人的滿意度，其中包含了員工之間的談話內容，是否會影響到客人的用餐心情。所以基本上員工是不太會在客人面前閒話家常。甚至員工之間溝通的方式，考量到客人聽了可能會感到不快，還得拐著彎講。例如上洗手間或中間休息時，絕對不能到點了就默默消失不見，一定要對同事報告，但又要擔心被耳尖的客人聽到，就要改口說：「我去3號了。」（數字會根據每個店家的規定有所不同）。

餐點的備料也有小名。如果要說：「先把較早準備的那一批用完。」（古いものを先に使ってください。）「較早」這一詞萬一被客人理解成「快要壞掉」、「不新鮮」就糟糕了。所以會改口為：「先把哥哥用完。」（兄貴を先に使ってください。）相對的，稍後準備的備料就叫做「弟弟」啦！

超便利的洗碗機

在日本，即使是小型的餐飲店，也幾乎備有自動洗碗機，而且很多餐具也設計為可以放入洗碗機的大小、材質。員工只要把前台收下來的碗盤分類好，把機器較難清的部分稍微用菜瓜布先刷一下，就可放入洗碗機內。剛洗完的餐具非常燙，有時候客人一多，餐具不夠時，為了趕時間，要立刻徒手抓起燒燙的碗盤，最後大家都練就了無敵鐵砂掌。

第3章

從打工仔變身上班族

在日本找正職工作

在餐飲店工作，所使用的日文範圍有限，雖然日語能力已經比出國前進步不少，還是希望透過辦公室的工作，學習更多商業日文。所以打工度假結束前大約五個月，我決定開始找正職的工作，更換簽證留在日本。

日本的人力仲介平台百家爭鳴，一般常見的有如DODA、マイナビ等，還有依照求職者特徵化分的平台，如資深人才、三十歲以下女性、外國人等。更有細分產業的轉職平台，如看護、設計師、IT、廣告等等。服務內容又大致上分為兩大類：一種為全程自行與企業聯繫；另一種為有專人負責，經過事先面談後，對方提供適合的職缺、協助投遞履歷、與企業端洽談面試時間和回報面試結果。

找正職工作必須撰寫更正式的履歷和「職務經歷書」。「職務經歷書」類似自傳，不過要將每一個經歷過的工作內容和事蹟撰寫清楚，強調自己的優勢。寫好這兩份資料後，我登錄了各大求職平台，其中也同時關注Facebook上的職缺相關社團。

開始找正職工作後，每天都要從雪片般的職缺信中挖出自己有興趣的工作，上網查該公司的相關資料、瀏覽官方網站，且每投一家公司還要用日文撰寫應徵理由。對於那時的我，真的是一項大工程，加上日本求職的日程常常會拉得很長，同時還有簽證快到期的壓力，身心都非常煎熬。

除了大阪，我也將範圍擴大至東京，進入面試階段時，為了節省交通費和住宿費，還需調度打工排班與各家公司的面試時間，甚至捨棄又快又舒適的新幹線，選擇搭夜行巴士到東京。還記得那年冬天，下了深夜巴士後，一大清早在東京車站附近的麥當勞廁所裡換套裝、化妝後，急急忙忙地拎著行李趕著去面試的狼狽模樣呢！

經過長達三個多月的求職戰，最後選擇了大阪的一家廣告公司擔任行銷企劃。也順利地得到工作簽證。入社之前，回台灣與家人團聚一個月左右，帶著完全不一樣的心情再回到日本。

終於有自己的廚房跟浴缸！一個人生活的小公寓套房

在江坂站的share house住了大約一年半後，因為屋主打算將這間物件轉作他用，所以我們便在寒冷的二月天裡，搬離了那充滿回憶的家。

因為從附家具的share house搬出來，一時也沒有冰箱、洗衣機等家電和家具，又考慮到之後有去東京發展的打算，所以最後我選擇一間附有家具的單人套房公寓，而且走路二十幾分鐘就可以抵達公司。

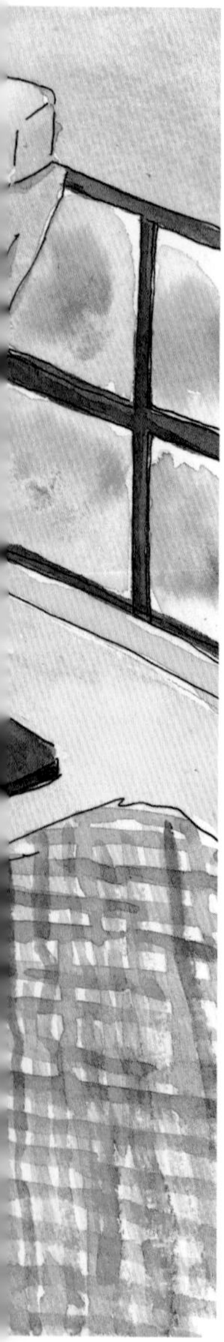

位於大阪西中島南方站附近的單人套房公寓。

這是一間相當老舊的公寓，已經有近三十年的屋齡。我住在二樓，樓梯在建築物的外面，已經和雜草糾結在一起，所以進出時大家多利用電梯。搭電梯時會遇到其他居民，但我們的默契都是不發一語，到了自己的樓層就立刻進屋。這間公寓不僅老舊，連天花板都很矮，導致視覺上有點壓迫；到了下雨天走廊還會漏水，發出一陣陣老舊房子的氣味。

雖然環境不甚滿意，做為臨時的住處，第一次有1K（一個房間加上一個廚房）的房間，還是感到挺新鮮愜意。有了自己的浴室跟小廚房，使用洗衣機也不用再排隊，還多了個人的電視可以大肆轉台。下班後的生活突然變得非常自由、方便。雖然少了室友熱熱鬧鬧地陪伴，卻也可以享受一個人的幽靜與放鬆。

我幾乎每週會學日本人泡澡，在藥妝店可以買到各式各樣的入浴劑，除了漢方藥草配方外，還有標榜日本著名溫泉的入浴劑。日本同事告訴我，他們會一邊泡澡一邊看日劇、滑手機，還有人一泡就是兩三個小時。原來只要將手機套上密封的保鮮袋，就可以盡情享受泡澡時光啦！日本大多數的浴缸有保溫及定時定量的放水功能，日本人愛泡澡的程度，也讓泡澡相關商品花樣百出：如泡澡專用的手機架、書架、療癒玩具等等。

一個人住，使用廚房也變得更加自由，不用下了班還得排隊煮菜。不過舊式或較便宜的套房，流理台跟電磁爐中間沒有空間可以切菜，所以我有時候要克難地在地上或餐桌上切菜，或是把砧板架在流理台上，小心翼翼地切菜。這也讓我習慣購買已經切好的食材。到了週末假日有閒情逸致的時候，我還會拿出章魚燒鐵板機，一邊吃燒肉一邊看電視，喝著季節限定的沙瓦，好不愜意。

東京居住大不易，緊鄰商店街的巢鴨share house

因為工作調勤的關係，我在很倉促的情況下，從大阪搬家到東京。一開始對東京人生地不熟，連地理位置關係都搞不清楚，在多方比較與考量後，最後我決定搬到友人推薦的東京山手線巢鴨站的share house。

習慣了大阪的房價與居住空間，東京的房子令人訝異。如果是在熱門地區，一般的小套房要價九萬日圓起跳，一下子就比大阪的房子貴了兩三萬日圓。我入住的房子是一間四層樓獨棟，每一層樓隔成四至七間房，因此每間都很窄小，也沒有任何的置物櫃

為了畫畫，自行添購了很大張的桌子和升降椅。

和衣櫥。房東為了節省空間，床鋪是往上加蓋的，才能在床板下放置自己的物品；房間裡附的桌椅也是我見過最迷你的版本，放一張筆記型電腦跟滑鼠墊就滿了。即使如此，房租卻比我在大阪的share house貴了兩萬多日圓呢！

好在出了房門，除了有寬敞的客廳和廚房，這間share house因緊鄰著名的觀光景點「巣鴨地藏商店街」，除了老字號的菓子店、便利商店、超市、蔬菜店、咖啡廳、定食屋、文具店、家用品店等一應俱全，生活機能非常便利。一路上的街燈會沿途點亮整條商店街，即使深夜晚歸也不會覺得可怕。

有時候懶得爬上爬下，就會
一直在上鋪賴床或滑手機 。

二〇二〇年換了新門坊的巢鴨地藏通商店街

過年期間的巢鴨商店街吉祥物すがもん（SUGAMON）。白白胖胖的外型，長得特別可愛，來到商店街一定可以見到他的周邊商品跟廣告布條。過年時，人形布偶的すがもん會到處走春，還可以見到日本小孩子緊緊跟在他的鴨屁股後面，非常有人氣。

居民的好朋友！商店街裡的蔬菜店，種類豐富又便宜。不只賣蔬菜，還賣好多當季和進口水果、乾貨、納豆、糖果餅乾和調味料。據說老闆是一名印度人，而且日文很溜。

巢鴨名物「鹽大福」。鹽大福就是包著紅豆餡的大福麻糬，不過他的麻糬皮加了鹽，店家以獨家黃金比例，加了鹹味後，不會過於甜膩，就成為了代表巢鴨甜點之一的熱銷商品。

我家附近走路大約二十分鐘的地方，有一家號稱日本第一美味的草莓蛋糕「FRENCH POUND HOUSE」。我平時連便利商店的蛋糕都有點捨不得買，二〇二〇年生日時，給自己一個藉口，買了這小小一片卻要價七百日圓的草莓蛋糕。它的奶油很綿密，一層層的草莓醬帶有一點草莓酒的味道，是很精緻又用心的蛋糕。

商店街裡最有人氣的餐廳之一：「ときわ食堂」，招牌菜是超大的炸蝦，還有各式和風定食，鮮魚料理也很受歡迎，總是門庭若市。我喜歡一次品嚐很多口味，所以點了綜合炸物餐，不但吃的到名物「炸蝦」，還有炸魚和炸肉餅。

隨著居住的環境改變心境、體驗不同文化

在日本搬家，必須要辦理行政區遷出及遷入手續，搬家費用也不便宜，雖然比台灣麻煩許多，但就我自己的經驗來說，因為日本很重視地區特色的發展，有時候跨越一個行政區，抑或隔一條電車軌道，整體氛圍就不一樣了。所以每換一個環境居住，都是一種新的體驗。不僅如此，搬家還能轉換心情、擴大社交圈，體驗各地區的人文風情。不管在台灣或是日本，有時候離開習慣的環境，往往會得到意想不到的收穫。

特別是我在東京的share house時，室友來自世界各國，讓我幸運地可以一次接觸到不同的文化和語言。例如在廚房齊聚一堂煮菜用餐時，可以觀察到大家飲食文化上的不同：法國室友幾乎都在吃麵包跟義大利麵、日本室友餐餐納豆、韓國室友必備泡菜、菲律賓室友愛吃肉湯配泰國長米、上海室友燒出一盤盤美味的中華料理等等。

日本上班族文化觀察

絲襪、跟鞋、淡妝是基本禮儀？部門聚餐有規矩

在準備前往日本打工前，早已聽聞日本女性出了家門就要化妝，還聽過連倒個垃圾也要注意儀容的說法。日劇裡女星的妝容看起來總是清透又自然，令人十分嚮往。我在觀光客時期，也常偷偷觀察街上的日本女生，的確是不太容易找到缺了眉毛或戴眼鏡的素顏女孩。

直到成為上班族後，真正體會到日本對於外貌儀容的重視，和台灣非常不一樣。

在台灣，頂多擦個防曬、上個粉餅，再畫個眉毛就很妥當了，即使完全素顏也一點都不稀奇。但在日本，上班時應該要呈現精神抖擻的一面，所以女性會被要求一定要上個淡而優雅的妝容。如果不上妝（至少要塗口紅）就去見客戶，會被認為很不禮貌。例如當初跟我一起打工的大學生妹妹，就把化妝當必修課一樣地認真學習，就是為了接待客人不能失禮。

另外，我常聽日本同事描述對台灣人的印象，就是看起來比較年輕、皮膚也感覺比

較好。我想也許是和日本女性比起來，台灣人不太上妝的緣故吧！

我也發現日本男性雖然不大化妝，不過大多數都會修剪眉毛，幾乎不太會遇到眉毛雜亂的人。隱形眼鏡也是必備，極少數人會戴眼鏡上班，就算戴了眼鏡，也多半是為了時尚或想展現自我風格。

再來是我一開始比較不習慣的：絲襪與跟鞋。

日本女性不喜歡露腿跟腳趾。所謂的不愛露腿，不是指穿短裙短褲，而是只要露出腿的服裝，幾乎都會穿上肉色絲襪（除了去海邊玩或搭配涼鞋的服裝）。以前我還不懂，觀察力薄弱，以為日本女孩的腿都是那麼膚色均一、光滑細緻。原來是絲襪的效果！我還曾發生一件糗事：懷石料理店打工的制服，下半身是黑色窄裙，我第一天上班，想都沒想就直接穿上窄裙去打卡，當下立刻被主任叫住，驚訝地問我怎麼會沒穿絲襪，感覺那一天好像被視為暴露狂般尷尬窘迫。

較為保守的公司，會宣導女性員工穿包住腳趾頭的跟鞋；男性更不可能穿球鞋上班。我也覺得女生穿高跟鞋看起來比較有氣勢、又可以為視覺效果加分。但穿著跟鞋拜訪客戶、趕電車，如果下大雨，外出一趟可說是像打仗一樣。對於我這樣不習慣穿跟鞋的人，好幾次都覺得像戴腳銬一樣，跑不遠、走不快。實在很佩服那些可以穿高跟鞋上山下海的日本女同事。

西裝外套對日本上班族而言，是非常基本的服裝。無論是面試、與客戶商談，連公司內的早會、公司內部的餐會（如果是上司在場的時候），都必須穿著西裝外套。這好像已經成為日本人的反射動作，反倒是我們外國員工，常常集合了很久才驚覺自己沒套上外套，弄得驚慌失措。特別是聚餐，應該是下了班要享受美食、放鬆的時候，卻還得穿上那麼正式的服裝，實在是在台灣時很難想像的事。

當然，每個公司跟產業對儀容的要求不盡相同，據說新創公司或外資，相對之下就自由許多，而且如果是不大需要面對客戶的內勤人員，服裝要求也會較寬鬆。

「滿員電車」和「女性專用車廂」

日本東京的「滿員電車」（註：車廂擠滿乘客的電車）是世界聞名的現象，三大都會區（東京、大阪、名古屋）的日本上班族大多是以電車作為通勤手段，尤其東京甚至高達八成的上班族會搭電車（包含轉乘）。上下班時段，主要的交通路線幾乎跟沙丁魚罐頭一樣，跟一群陌生男女前胸貼後背，絕對會擠到汗流浹背。最危險的是，上下車時很容易卡住包包，或是纏住雨傘。我見過無數次衣服被其他乘客的拉鍊勾住的窘境，當下真的是驚險萬分。部分看似文質彬彬的日本上班族，會在這個時候解放開來，只要擋到他通往公司的路，就會被手肘攻擊，甚至露出一副嫌惡的表情碎唸幾句。

在大阪的時候，我都是搭乘御堂筋線上下班，雖然也體驗過「滿員電車」，但總覺得好像還不至於被站務人員推進車廂。直到來到東京，在通勤時段搭過一次日比谷線，才真正親身見識上班男女像「一千圓任你裝到滿」的活動一樣，只要地面上空出一隻腳可踩的空間，就可以多塞個人進車廂內。神奇的是，滿出車門的上班族們，總是可以在電車門關起的那一剎那，瞬間縮進車廂內，讓車門順利地關閉，然後電車揚長而去！

「女性專用車廂」的由來也與「滿員電車」有關。擁擠的車廂內，伸出鹹豬手的「癡漢」問題一直存在。從一九〇〇年代，為了讓女子學校的學生能安心通勤，設置了女性專用車廂；到二〇〇〇年左右，中間經過了多次的廢止和復興，直到現在，主要都會區的電車大多有各自的女性專用車廂（有些還有分平日、假日、使用時段等）。

不過，法律上並沒有強制規定男性不能搭乘女性專用車廂，只是如果一般男性誤入

大阪電車上的日本上班族很愛看報紙，而且技巧非凡，可以把報紙很整齊地折成半張，這樣的尺寸剛好不會妨礙到隔壁乘客，最常見的報紙是「日本經濟新聞」。不過我來到東京後，幾乎沒有人在看報紙，人人都在滑手機。

女性車廂，應該可以感受到電車裡微妙的氣氛。有一次我搭乘御堂筋線的女性專用車廂時，一位看似外地來的大叔慌慌張張地趕上了電車，等他定神一看才發現整個車廂都是女性。然後他尷尬地詢問一旁的女乘客：「請問這裡是女性車廂嗎？」女乘客尷尬又不失禮貌地回答：「好像是喔。」這位大叔立刻道歉，快步換到隔壁的一般車廂了。

聚餐文化：一定要喝酒才能放鬆

日本職場上的聚餐酒會名目繁多，舉凡招待客戶和廠商、新人歡迎會、小組每月的懇親會、送別會、業績達成會等等，而且常有一句話：「聚餐也是工作的一部分」，公司辦的餐會比較難以婉拒，不參加就很容易被貼上「不會讀空氣」、「不合群」的標籤。

來到日本後，很多朋友會問我，日本上班族是不是真的跟日劇一樣，每天晚上都要去應酬喝酒？也許每個公司都不太一樣，但以我自己的觀察，日本人雖然喜歡聚餐喝酒，但頂多每週一至兩次。第一，平日上班如果要加班已經很疲憊了，晚上只想快快回家，因此聚餐喝酒大多是在週五或放假前。第二，日本外食費用高，以一般的中產階級上班族而言，聚餐太多次肯定吃不消；而且許多男性是「零用錢制」，每個月上繳薪水給老婆管理家庭開銷，再從老婆那領零用錢。日本某家銀行調查二〇一九年男性零用錢平均不到四萬日圓，平價居酒屋一餐好歹也要花掉三至五千日圓左右，應該是不太可能夜夜暢飲的。

台灣人聚餐以吃為主，酒是配角，聚餐時完全不喝酒也是很稀鬆平常的事。但在日本，還沒上菜就要先喝一大杯啤酒，他們點酒的速度比叫菜還快。有時候連主餐都不吃，光配雞肉串、水煮毛豆等小菜。就算是去吃到飽餐廳，日本人的重點也會放在「喝酒喝到飽」。幾次跟日本朋友去吃到飽餐廳，有時候五臟廟都還沒被餵飽，大家卻早早停止點餐了，這時候還要跟著矜持一下，跟著大家光喝酒。

日本的職場重視上下關係，公私較為分明。跟客戶、上司、前輩，或不熟的同事一定要說敬語，這也在無形中形成了一種距離感。然而，日本人在職場上處處小心謹慎，又必須重視禮節、遵從團體、讀空氣等等，其實是很壓抑的。所以日本人喜歡透過聚餐時的酒意，和同事們拉近關係，也是他們紓壓的重要管道吧！

常常看到醉醺醺的上班族倒在電車裡或路邊；不少瘋瘋癲癲的白領在深夜的街道徘徊；神奇的是，他們都可以在第二天若無其事地準時出現在辦公室，昨天的荒唐行徑好像是另一人所為。便利商店的解酒液種類琳瑯滿目，諷刺的是，它們通常會和提神飲料擺在一起。有時候看到這些商品，會很納悶這樣放縱自己的身體（不管是應酬酒醉或是熬夜加班），真的好嗎？

每天必開的朝會

我在日本待過的企業不多，不過根據自己及朋友們的經驗，以及日劇、網路上的資料來看，傳統的日本中小企業大多有開「朝會」的習慣。朝會的日文漢字是「朝礼」（ちょうれい），社員們一大早進了公司，就全體集合，面向投影銀幕或講台，各部門上台報告一番，甚至當日壽星上台發表感言、輪流分享業界新知等等。最後則是公司裡的大官（部長或是社長級人物）上台總結。最後的最後，還有一句固定台詞：「今天也一起加油吧！請多多指教。」（今日も一日頑張りましょう。よろしくお願いします。）

人事異動不是只有在日劇會上演

人氣爆棚的日劇《半澤直樹》劇情裡，主配角們因為得罪上司或組織而被發配邊疆，甚至連工作內容都一百八十度大轉變；很多日劇中也常上演主角的爸爸或老公，被公司調到鄉下或冷門部門，一家生活驟變的情節。

在日本當了上班族後，才體會到原來日劇裡的「調職」情節並非只是劇情效果，而是真真實實存在於上班族甘苦談之中。在日本，很多勞資契約上會標明，公司有權利因組織管理上的需求，要求員工轉調。我所聽聞的大部分轉調的例子，都不是經過事前與員工溝通，雙方協議下的結果。很多時候就如一道聖旨，要不乖乖接旨，要不另尋他路。

小則調至其他小組、部門、職種、分公司；大則調職去其他縣市、海外等等。日本還有一些奇怪的轉調方式，其中「出向」就是一例。是由原本的公司，將員工調派到合作企業或客戶的公司上班，但員工所屬的公司依然是原公司，形成了同事之間卻是不同公司職員的奇妙現象。

我自己也是從大阪調職到了東京，待了一年半後，因為新型冠狀肺炎的影響，要調去同集團的子公司。怎麼也沒想到，自己也親身體驗了兩次原本以為日劇裡才會出現的情節。

不愛請假的日本人／不能請假的日本人？

日本的有薪年休假最短為十天，年資越長的人就越多，擁有二十幾天的人不在少數。但是奇怪的是，大家似乎都不太請假。我曾經聽某一位上司說，他進公司十幾年，只用過一天年休假，連搬家都不敢請假。有次我因為要回台灣，打算請四天假，上司突然把我叫過去，說我申請的天數在公司內是史無前例。

日本政府為了改善勞動環境，鼓勵大家使用年休假，終於在二〇一九年四月起制定了「擁有十天以上年休假的勞動者，一年至少要休滿五天」的法律。一年請假五天，聽起來似乎難度不高，但大部分的日本同事，到了年底就會開始苦惱這五天要如何消化。原本我以為是當時的公司不鼓勵大家請假，後來發現換了環境也沒有什麼差異。

日本人的請假率在先進國與亞洲各國當中，一直都排在後段。究竟是什麼原因讓日本人不請假呢？我覺得可能與日本人愛讀空氣有關，擔心請了假會被認為是不積極的員工；給工作代理人或上司、團隊添麻煩；其他同事努力加班，自己卻在玩樂的罪惡感等等。

「鍛鍊心智」的研修

我待了三年左右的廣告公司，很常舉辦員工研修活動。而內容通常與廣告專業沒什麼相關，幾乎都是強調「心靈成長」、「團隊精神」、「愛社心」的活動為主。不知道是日本的公司本來就有這樣的風氣，還是只有少數公司如此。雖然常抱著滿滿的疑惑，但就當作是旅遊體驗，跟著參加吧！中途入社的我，前前後後參加過的研修，小至部門的團康性質外宿、種葡萄樹體驗，大至整屆的馬拉松，還有一項印象最深刻的「爬富士山」。

一群平常沒在運動的員工，光靠出發前的說明會，就浩浩蕩蕩地搭乘新幹線轉大巴士，每個人揹著幾十公斤的登山包，從富士山的山腰（富士宮口五合目，標高二四〇〇公尺）處開始猛力爬。正值盛夏，山腰處非常炎熱，爬得汗流浹背。富士山屬於火山岩，富士宮路線一路上幾乎沒有樹木和花草，眼前的風景只有單調的灰色岩石和沙子地，一行人盯著自己的雙腳和前方同事們的背影，一步一步往前踏進。

我們從中午爬到晚上，在山上小木屋吃了咖哩飯，稍微休息一下，就得趕緊睡覺保留隔天的體力。沒想到睡到一半，因為大通鋪擠滿了人，我漸漸感覺自己呼吸困難，頭痛欲裂，心想應該是高山症發作了。半夜裡大家都睡了，不好意思叫醒同事，只好一個人走出小木屋，大口吸了好幾口新鮮空氣才漸漸好轉。

為了一睹富士山的「御來光」（日文：ご来光，指的是山上的日出），我們半夜一點左右就起床繼續上路。富士山上當然沒有路燈，在伸手不見五指的黑夜裡，只能靠登山頭燈看清楚眼前的路。而我的頭燈居然沒過多久就壞了，一閃一閃地根本看不到自己的腳踩在哪裡，很怕一個踩空摔到山下，只好緊緊跟著同事，戰戰兢兢地往上爬。

很幸運地，那兩天的天氣非常好，往天空望去，完全沒有光害的富士山上，可以很清楚地看到滿滿的星斗！甚至還有流星劃過天空，那真是難以言喻的美景。往登頂的路途漸趨陡峭，非常考驗體力，不過越接近山頂，越令人感到期待與興奮。

標高三七七六公尺的富士山，即使是七月天，山頂的氣溫接近零度，非常寒冷，所以得一路上一件件加衣服。欣賞完「御來光」後，就可以去申請登頂證明書，很多人會在一旁的小舖吃熱呼呼的拉麵暖暖身子，接下來就準備下山啦！

沒想到下山的路程比上山還要艱辛，主要是因為富士山上都是滾動的砂石，每一步都用滑的方式下山，非常難站穩腳步，就算靠登山杖也是緊張到雙手直流汗。除了膝蓋越發疼痛，我的腳趾甚至起了水泡，腳拇指的指甲還瘀血發黑。回到大阪的第二天，我全身的肌肉痠痛得要命，甚至沒辦法好好下床。

經歷了大大小小「鍛鍊心智」的研修，雖然有點跳脫我原本對「公司研修」的認知，不過回想起來，跟同事們一起體驗這些「日常之外」的經驗，也是挺值得回味的。

終於在日出前半小時左右登頂，從富士宮口到達富士山頂，不會直接看到太陽從地面冒出來，而是剛好被對面的山壁擋住，不過這樣的日出也很美！可以看到鳥居剪影呢！日出的瞬間，各國山友們都非常興奮地拍照歡呼，耗時好幾個小時的路程和行前準備就是為了這一刻，實在是說不出的感動，我真的靠自己的雙腳登上了日本第一高山！

第4章

日本自炊生活

快樂的自炊生活

我很喜歡美食，也很愛自己動手做料理。來到日本後，住share house有大大的廚房；住單人公寓也有專屬的廚房空間，相較於以前住在台北的小套房，只能用電鍋跟電磁爐的生活，簡直是太方便、太適合自炊了。

我習慣在假日一次做好四至五樣配菜，蒸好一大鍋飯，分裝成四天份放入冰箱保存，作為上班時的午餐便當，週五就和同事外出用餐。下班回家不想開火時，只要加熱事先做好的小菜就可以享用，非常方便。

自炊的好朋友：超市

日本的外食，從物價來看，普通的一餐約是打工時薪的價位（約一千日圓上下），並不是太大的負擔。只是如果餐餐外食，累積下來的費用也是挺可觀的。若是自己煮則較為節省，以家常料理的親子丼來說，材料費可能不到三百日圓，一次下廚就足足省下三至四倍的伙食費。

在日本的超市，肉品和鮮魚都已經處理好、包裝得乾乾淨淨；蔬菜跟辛香料的分量都很適合一個人食用。如果想要省更多，可以去業務用的業務超市購買食材。對於料理新手或者想節省時間的人，也可以在超市裡找到方便的調味包。只要自備青菜或肉、蛋等材料，就可以快速地做出好吃的料理。

有時候吃膩了自己煮的菜，也可以在超市購買已經做好的小菜。我因為不愛自己油炸，嘴饞時就會在超市買可樂餅、炸雞、天婦羅等為自己的伙食加料。

有了這些調味料，就能變化出各種美味料理

日本料理講究的是食材本身的鮮味，所以大多數的料理在調味上並不會太複雜，翻開家常料理的食譜，竟會發現馬鈴薯燉肉、筑前煮、親子丼、牛丼、壽喜燒、照燒料理等幾乎都是用一樣的調味料（醬油、料理酒、砂糖、味醂）烹調，只是每種調味料的比例不同。所以想要燒出基本的日式家常菜，不需要準備一堆瓶瓶罐罐，而且步驟也相當簡易，很適合料理新手嘗試。

我自己除了砂糖跟鹽之外，最常使用的幾種調味料：

醬油

日本的醬油種類非常多，各地區喜好的口味也不太一樣：關東偏好濃口醬油；關西多顏色較淡的薄口醬油；九州口味大多偏甜等等……還有牡蠣或干貝口味呢！我除了要滷東西時會用大罐的醬油，平常則較偏好這種真空包裝、單手就可以擠出少量醬油的產品。

TSUYU（つゆ）日式醬油

「つゆ」是日本人家家戶戶必備的調味料，在台灣也能買得到。以醬油為基底，添加了昆布或香菇、柴魚等萃取液，所以不需要特別調味，就可以做出擁有多層次風味的料理。加入熱水快速做成湯底，或調製成蕎麥麵的湯汁，煎玉子燒時也相當方便。有時候晚上加班回家，不想花太多時間做飯時，我就會利用つゆ做懶人烏龍麵。

美乃滋

乍看不知道怎麼用，卻意外非常萬用的好物。住在大阪的時候，很常做章魚燒跟大阪燒，如果不加美乃滋感覺就不太對味。美乃滋也可以替代油直接炒青菜，另外，塗在土司、麵包上，再放入烤箱加熱，或是製成雞蛋沙拉，簡直是人間美味！

四川風味辣油

這款辣油是在一般的辣油裡添加了花椒，想吃辣的時候加幾滴，味道會更有層次。

（但其實不會很辣）

味醂

用米跟酒發酵而成的調味料，可以去腥添味，做燉煮料理或炊飯的時候最常用到。

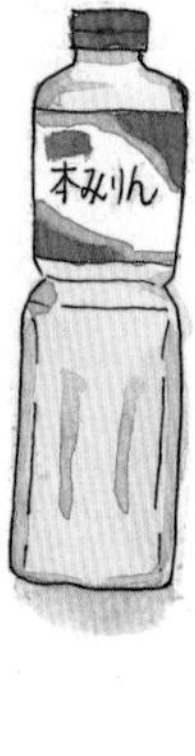

味噌

日本人吃飯時都會喝味噌湯，用味噌烹調的料理也不少（例如味噌炒肉片），可以說是日本國民最基本的調味料。在超市可以看到一大排各種口味的味噌。各地喜好的口味也不盡相同，又依據發酵時間分為白味噌跟赤味噌。我個人比較喜歡豆香味跟鹹度較重的赤味噌。

新手也絕不失敗的超方便料理包

在超市常見的幾種商品，可以拯救對料理一竅不通的自炊新手，也能節省不少時間。只要照著商品說明，一步一步就能做出美味的一餐。

冷凍煎餃／懶人程度★★★★

餃子雖然不是日本獨有的食物，但日本的餃子文化卻獨樹一格。跟日本人提到餃子，他們腦中第一個浮現的是煎餃而非水餃。另外，在台灣，餃子是主食的一種；但在日本，餃子變成了配菜，通常會跟炒飯或拉麵一起吃。

冷凍餃子一直是冷凍食品的人氣商品。在超市或便利商店，一定會看到它的身影。陳列的商品大多是煎餃，最近強調健康少油的水餃也有增加的趨勢。

口味方面，相對台灣，冷凍餃子的選擇少了許多，日本的煎餃基本上為豬絞肉配高麗菜，很少有牛肉餃子；海鮮方面則有蝦仁或干貝口味，但較不常見。另外，日本人很在意蒜頭殘留在口中的氣味，所以餃子的餡料和沾醬大多不會放大蒜。

日本的冷凍餃子最神奇的地方，就是只要有一只平底鍋，不需要加油加水，將餃子鋪平後，用中火加熱並蓋上蓋子，等底部的麵衣煎得焦脆就可以上桌了，非常簡單，過程不超過十分鐘。

各種料理包、料理塊／懶人程度★★★★★

當懶得煮飯、或是想要吃咖哩、義大利麵、奶油蓋飯的時候，就會覺得日本的超市是個天堂。擺滿整排貨架的調理包，光是咖哩，就還區分成甜口、辣味（又分三～四種等級）；最近又多了不少印度或東南亞風味的商品，再加上咖哩名店的聯名口味，常常令人眼花撩亂，什麼都想試試看。

除了咖哩，中華料理的調理包也是百家爭鳴。日本人的家常中華菜當中，最常見的就是麻婆豆腐。因為只要加入一塊木棉豆腐，就立刻能上桌。如果講究一點，可以爆香蒜頭或加入絞肉、茄子等，最後撒上青蔥，添增整體的層次。麻婆豆腐醬包又分為日系麻婆風味（以最初引進麻婆豆腐的四川人陳建民調製的口味為主）、四川系的花椒麻辣口味。偶爾想念家鄉味時，就會買麻婆豆腐來解解鄉愁。只是嗜辣的我，市售的調理包普遍都不夠辣，所以我還會另外加辣油或辣椒，才過癮啊！

日式炒麵／懶人程度★★★

以前在日劇裡常常看到日式炒麵麵包，男女主角在學校頂樓吃著這個奇妙的碳水化合物組合，一直很好奇麵包裡夾的炒麵究竟是什麼味道。後來去日本旅遊時，許多觀光景點的攤販或是大阪燒店也都會販售炒麵，當時跟旅伴一起坐在河口湖邊的櫻花樹下，在冷颼颼的天氣裡，吃著熱騰騰、甜甜鹹鹹的炒麵，「這就是日本的味道啊！」至今那種感動一直深植心中。加上打工度假的第一餐手作料理就是它，種種回憶的交疊，讓我對日式炒麵有著特殊的情感。

如果想要自己做出道地的日式炒麵，也非常簡單。在超市的冷藏區，有販售炒麵料理包，除了麵，還會附上炒麵調味粉或調味醬（如果連下廚都發懶，泡麵版本也是不錯的選擇）。只要先用平底鍋炒一下想加入的配料，如洋蔥、青菜、肉類、蝦子等，然後再加入麵條，依照自己的喜好加水調整麵的軟硬度，最後撒上調味包拌一拌就完成。

看似跟台灣的炒麵很像，不過我最喜歡的是它帶點蘋果的酸甜調味，而且比起外食的日式炒麵，真的很省荷包！

我喜歡的日本食材

里芋（さといも）

日本的一種芋頭，常見的是如雞蛋般大小的品種，顏色為白色並帶有微微的淡紫，口感特殊，有點Q軟，久煮也不易化掉，和台灣芋頭的綿密口感很不一樣。里芋很適合做成甜甜鹹鹹的日式燉煮料理，是我非常喜歡的食材。

北海道玉米

夏天是玉米的盛產季，一到夏季，和室友幾乎天天吃北海道玉米。快速的吃法有兩種：

1.微波爐加熱。可以連同玉米葉或事先剝玉米葉，用可微波的保鮮膜包住後，約微波五分鐘即可（剝除保鮮膜時小心燙手）。這也是我最常採用的吃法。

2.蒸鍋加熱。用煮沸的熱水加個蒸架，蒸約十分鐘，在台灣就可以直接用萬能的電鍋。

最後抹上一點鹽巴，就是甜甜鹹鹹又可以代替白飯的美味食物。

酢橘（すだち）

來自日本德島縣的水果。屬柑橘類的一種，比乒乓球小一點，呈現深綠色。它的酸味非常溫和，與各種料理都很對味。除了作為果汁，日本人常常會淋在烤秋刀魚上，或是涼麵、生

魚片上，酢橘也是日本柚子醋的主要原料之一。每次看到烏龍麵店推出季節限定的酢橘烏龍麵，就有一種「啊！夏天到了！」的感覺。

青紫蘇／大葉（あおしそ／おおば）

青紫蘇在日本是價格平易近人又常見的食材，不僅營養價值很高，又有殺菌的作用，可以生食亦適合入菜。我深深地為這獨特的香氣和味道著迷，運用在料理上，一下子便提升了食物的風味層次，具有畫龍點睛的作用。

青紫蘇的用途廣泛，我通常會直接撕碎拌入納豆；切絲加在冷烏龍麵或素麵上；調在肉泥裡做雞肉丸子；做成紫蘇章魚燒等等。在日本，青紫蘇的相關食品也很多，青紫蘇口味的飯糰、拌飯香鬆、青紫蘇味噌等等，琳瑯滿目。外食方面，青紫蘇也是天婦羅的定番菜之一。

納豆（なっとう）

說到日本的食物，怎麼能忘了納豆呢？很多人不敢吃的納豆，卻是我鍾愛的食物之一。雖然氣味不太好聞，但黏稠的口感和入口後特殊的味道卻會讓人上癮。

在日本，納豆有非常多選擇，依照產地、顆粒大小、醬料等做細分；通常以三至四個小保麗龍盒裝成一套販售。

因為喜歡吃納豆，我幾乎嚐遍了超市、便利商店販售的納豆，除了定番的黃芥末和醬汁口味，還有蛋黃味、白蘿蔔泥、黑醋梅子、紫蘇醬、海苔醬、薑汁燒肉醬口味等等。

有些廠商為了提升擠醬料的便利性，將醬料保存在上蓋裡面，只要折斷上蓋就可以輕鬆倒出；或是使用特殊包材，朝著箭頭輕輕推擠，就

我個人非常推薦的納豆配菜：酪梨、青紫蘇、生雞蛋黃、青蔥。

能擠出醬料，不需要手撕而弄得黏呼呼，是不是很便民呢？

除了搭配白飯直接吃，納豆的吃法可說是千變萬化：加在炒飯裡、和鯖魚罐頭一起拌進烏龍麵（山形的鄉土料理之一）、納豆義大利麵、納豆味噌湯、納豆拌韓式泡菜、納豆起司烤餅等等。我有個日本室友，最喜歡把厚片吐司開一個口，將納豆塞進去變成夾心三明治，看起來也頗美味。

我的超簡易食譜

我一開始自炊時，很常參考食譜，因為怕失敗，總是乖乖照著食譜購買食材和遵守調味料的用量。不過來日本久了，自炊的次數應該不下千次，漸漸地靠經驗跟感覺做菜，要特別整理出食譜還真是有點困難。這幾道食譜看起來非常簡單，也許有點「過於隨興」。不過因為是我的家常菜，就放輕鬆一點吧！

納豆熱狗堡

納豆熱狗堡是茨城縣的特殊食物之一。不用特地跑一趟茨城縣，在家裡就可以重現這個美味。

只要將納豆、熱狗夾入烤過的漢堡麵包，再加上黃芥末和番茄醬即可。

不過納豆其實很容易從麵包的兩側掉出來，建議不要一次放太滿，否則會吃得有點狼狽喔！

和風蘿蔔豬肉片

到了冬天，日本盛產白蘿蔔，一根只要一百日圓左右，就是我的自炊常備食材。不只可以煮湯、醃製，還可以拌炒，變化出各種美味的料理。這個「和風蘿蔔豬肉片」食譜既簡單又下飯，白蘿蔔軟爛入味的口感很像冬瓜呢！

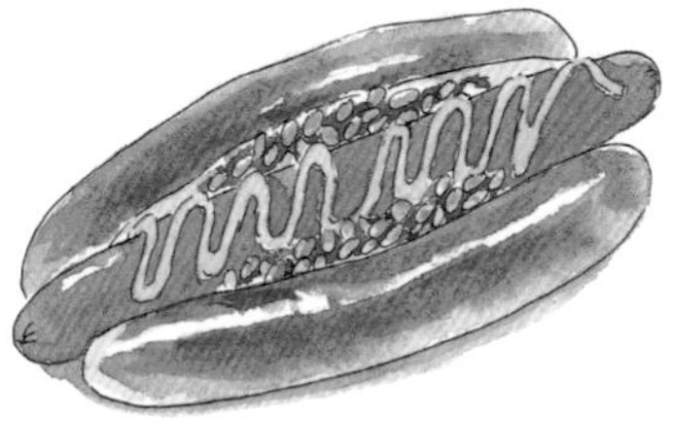

準備食材

白蘿蔔半根
豬肉片適量

調味料

料理酒1大匙
味醂2大匙
砂糖1小匙
醬油2大匙（也可用日式醬油）
水適量（依個人口味調整濃淡）
勾芡用的片栗粉或太白粉

作法

1. 圓切白蘿蔔。
2. 去除較硬的表皮，再切小塊。
3. 耐熱容器內加一點水，放入白蘿蔔，蓋上耐熱保鮮膜，微波5-6分鐘（700W）。
4. 豬肉片入鍋炒至金黃。
5. 加入微波好的白蘿蔔。
6. 加入調味料拌炒。
7. 勾芡，起鍋。

日式生鮭魚丼飯

日本超市一定會販售生魚片，其中我最喜歡生鮭魚了。油脂豐厚的生鮭魚，和清爽的大葉非常對味。打上一顆生蛋黃，每一口都濃郁又滑潤。麻油也可以提升味道的層次感。

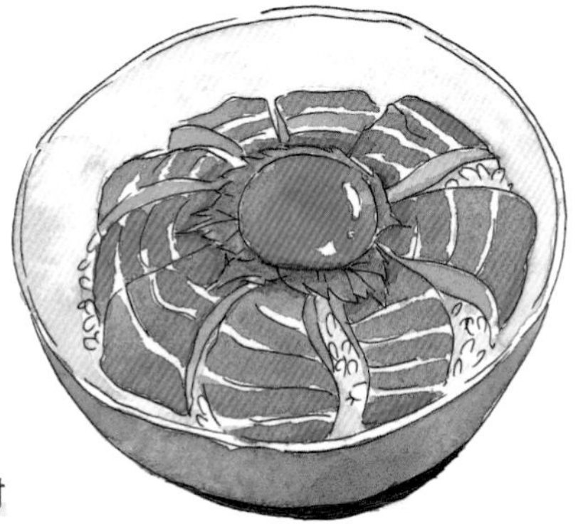

準備食材

生鮭魚適量
大葉（青紫蘇）5片
新鮮的生雞蛋1顆
壽司飯1碗（沒有壽司飯也可以用一般白米飯替代）

調味料

日式醬油（つゆ）適量
麻油1小匙
生薑泥適量

作法

1. 生鮭魚切片，厚度0.5~0.8公分（依個人喜好）。
2. 將切好的生鮭魚放置小碗中，上面鋪上大葉。
3. 加入日式醬油、麻油、生薑泥，並加入煮熟的水調整濃淡→看每個人家裡的日式醬油濃度，讓醬汁能夠覆蓋鮭魚。
4. 鋪上保鮮膜，盡量隔絕空氣，冰進冰箱15~20分鐘。

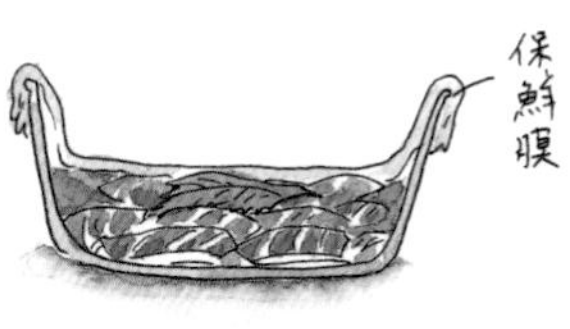

5. 把鮭魚、大葉鋪在飯上，最後加上一顆新鮮的生蛋黃即完成！

日式煎蓮藕

蓮藕也是我很愛吃的蔬菜之一。也很適合直接油煎、燉煮或剁碎混入肉泥裡做成肉丸。

準備食材

蓮藕
鹽
日式醬油（つゆ）適量

作法

1. 將蓮藕切片，厚度約0.8公分。
2. 熱鍋加油，放入蓮藕。
3. 煎熟之後加入鹽，快起鍋的時候加入日式醬油並轉小火稍微入味即可。

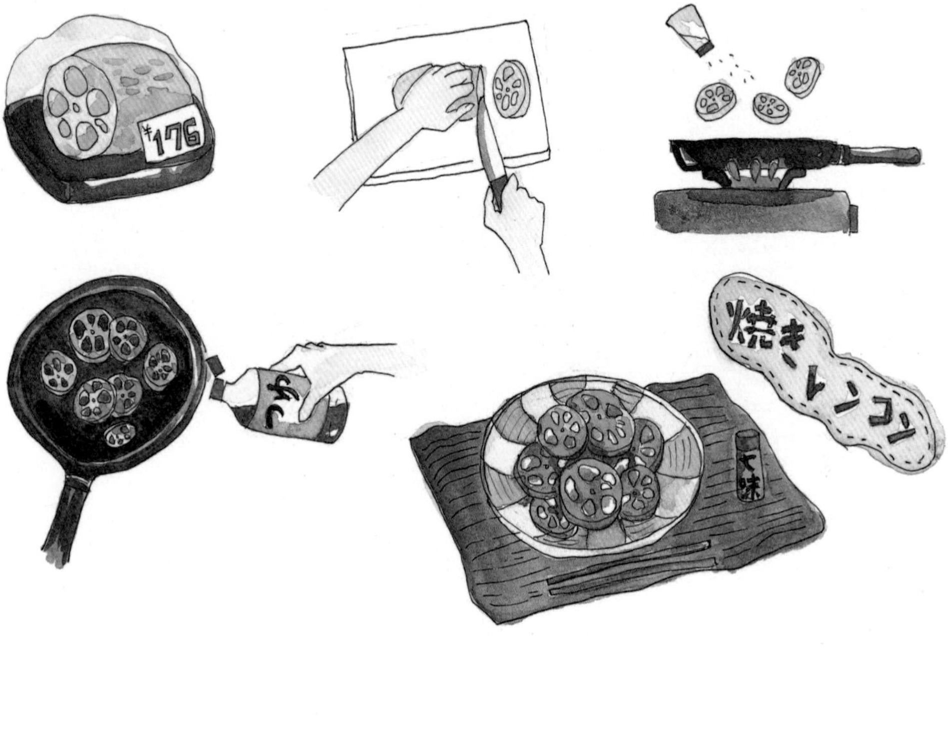

美乃滋雞蛋吐司

想讓吐司類的早餐有點變化的時候，美乃滋會是最棒的選擇之一。因為美乃滋的主要成分是蛋黃和油，加熱後可以吃到濃郁的蛋香味。除此之外，和明太子一起加熱，可以做出絕對不失敗的美味早餐。

準備食材

吐司一片
（厚片吐司也可以）
美乃滋
新鮮雞蛋
鹽或胡椒鹽

作法

1. 在土司中間挖一個淺淺的方形凹槽（這個步驟是為了讓雞蛋不會溢出，但如果美乃滋塗很厚一層，也可以不挖洞）。
2. 在方形凹槽的邊緣塗上厚厚的一圈美乃滋。
3. 打入生雞蛋，並加入適量的鹽或自己喜歡的調味粉。
4. 放入小烤箱烤至雞蛋固化。（注意不要烤焦，可以在上方蓋一片鋁箔紙調整）

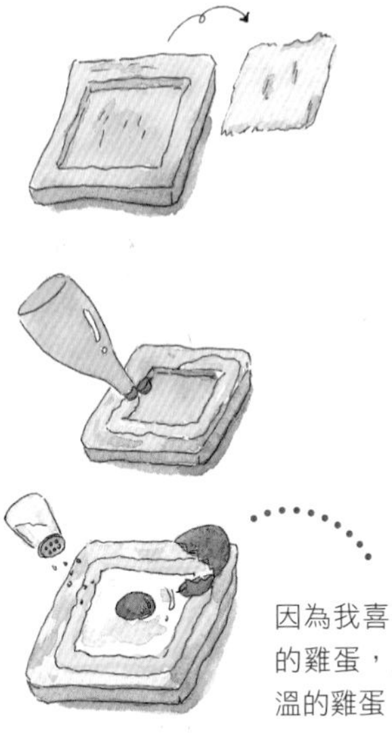

因為我喜歡吃半熟蛋，如果想要吃全熟的雞蛋，則需要烤久一點，或是使用常溫的雞蛋。

奶油玉子燒

雞蛋料理中，我最常做的就是玉子燒。捲雞蛋捲看似有點難度，選擇不沾鍋和加入適量的油，保持中小火就不易失敗。關東的玉子燒因為加了砂糖，口味偏甜；關西的則是以昆布基底的湯汁調味，味道偏鹹。

準備食材

雞蛋4顆

調味料

日式醬油（つゆ）或高湯（依個人喜好稀釋至約80ml）
砂糖（1大匙）
鹽少許
奶油或一般食用油

作法

1. 把雞蛋和所有調味料混和拌勻。
2. 以中火加熱平底鍋，塗上一層奶油。
3. 分次倒入蛋液（分量為可平鋪整個平底鍋）。
4. 底部稍微定型後，用鍋鏟從一邊輕輕捲起，捲至鍋邊，再塗上薄薄一層奶油。
5. 重複2~4的動作至蛋液用完。
6. 表面金黃固定後就可以關火，用鍋鏟稍微整形捲好的蛋捲。
7. 盛盤切塊。

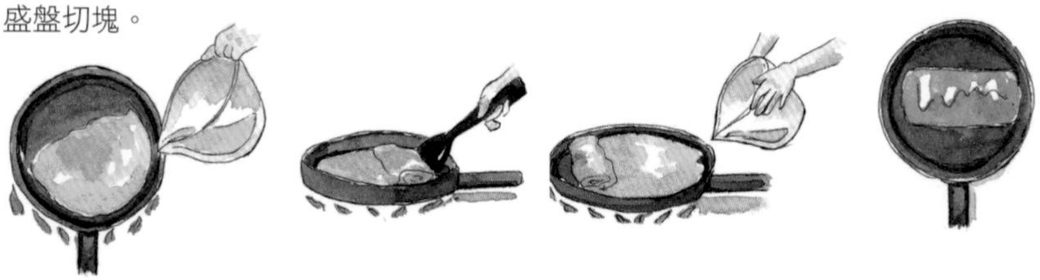

日式章魚炊飯

章魚也是超市裡常見的海鮮食材，除了做章魚燒，也可以做成炊飯，將炊飯捏成飯糰冰起來保存，日後食用就很方便。

準備食材

章魚腳1隻
生薑
毛豆或其他水分較少的蔬菜
白米2杯

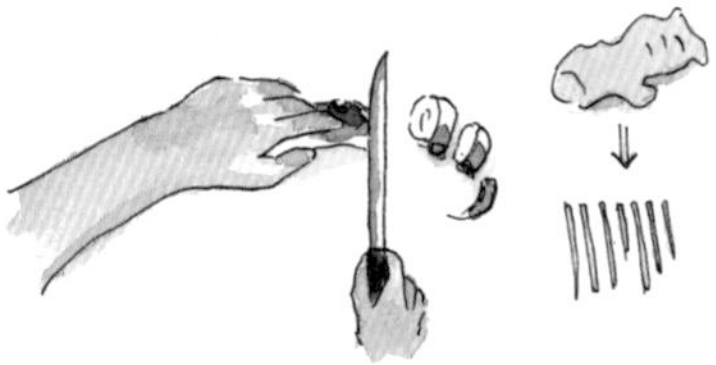

調味料

料理酒1大匙
醬油1大匙
鰹魚粉2小匙
鹽少許

作法

1. 將章魚腳切一口大小、生薑切細絲、白米洗淨放入煮飯鍋。
2. 煮飯的水分要跟白米的分量相同，所以先將調味料倒入量米杯，剩下的部分裝滿水後倒入煮飯鍋，輕輕攪拌。
3. 放入章魚和薑絲，最後鋪上毛豆。
4. 蒸好飯後用飯勺拌勻即可。

第5章

日本的四季風物詩

記得來到日本的第一個夏天，我參加了大阪一家專門學校的電腦繪圖體驗課，老師要我們畫幾個以「夏」為主題的圖案。當時我才過完櫻花凋零後的春天，剛進入夏季。對於夏天的認知，就是台灣那高溫不下的炎熱氣候，除了刨冰跟海灘外，左思右想也擠不出來夏天還有什麼特別的代表物。用專門學校的電腦搜尋了夏天的圖案，跳出來的蚊香圖、扇子、向日葵等等圖案，我卻一點也感受不到夏天的代表性。

我把這個苦惱告訴老師，老師和我才驚訝地發現，因為台灣幾乎一年四季都很炎熱

（除了短暫的冬天），而且驅蚊防蟲也沒有什麼季節性；水果也越來越不分季節，所以我根本無法像處在溫帶地區的日本人一樣，對四季有鮮明的印象。

所以來到日本，我最有感的就是四季的推移，把一年裡刻分成四大區塊，也越來越能理解為什麼日本人回顧往事總是會說：「我去年夏天做了什麼」、「回想當年春天時」、「某一年的冬季……」。在日本，日常生活總是與季節緊緊相扣，所以特別想記錄我感受到的四季風情。

百花齊放的春天

越冷越開花的梅花

梅花綻放時就代表要進入春天。在日本可以觀賞到不同品種的梅花，其中大阪城的梅林是我最推薦的地方，境內有近八百棵梅樹，共一百多種品種，絕對會大飽眼福。東京方面，也很推薦世田谷區的羽根木公園，約六百五十棵梅樹，六十餘種品種。

在大阪城梅林野餐的賞花客

我也入境隨俗準備了飯糰跟熱奶茶，坐在長椅上賞花、聞聞花香，心曠神怡。

稍縱即逝的櫻花

剛到日本的時候是四月中旬，沒算準開櫻花的時間，關西的櫻花幾乎都進入尾聲，幸好還有花期相對較晚的大阪造幣局可賞櫻。一年後，打工度假結束回台灣時，又錯過了櫻花滿開的時候。後來當了上班族，只有假日可以去賞櫻，雖然來日本住了五年，對我來說，到處地盡情賞櫻花依然是一件奢侈的事呢！

東京目黑川的櫻花

果然名不虛傳，目黑川兩旁開滿了粉色的櫻花，彷彿隧道一般浪漫無比。兩邊的綠色植披和櫻花的粉色相互對比，畫面十分柔和。

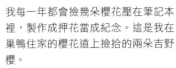

東京六義園的一本垂枝櫻局部

六義園是東京都內著名的日式回遊式庭園，這棵擁有七十年樹齡的巨大垂枝櫻，是六義園的代表之一，高十五公尺、寬二十公尺，滿開時非常壯觀，有如粉色的瀑布。

我每一年都會撿幾朵櫻花壓在筆記本裡，製作成押花當成紀念。這是我在巢鴨住家的櫻花道上撿拾的兩朵吉野櫻。

與share house的室友們
一起去小石川植物園賞花

準備一張野餐墊，帶上喜歡的零食、飯糰、炸雞、日式炒麵、櫻花沙瓦、紅酒，在舒服的午後陽光與櫻花香中野餐。

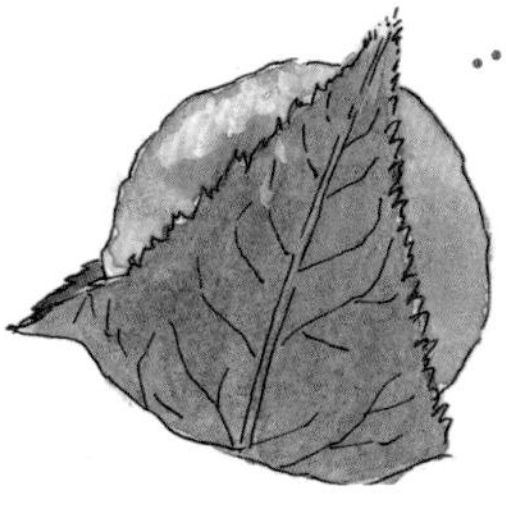

櫻餅

日本的和果子也會隨著季節推出固定的種類。櫻餅又分為關東及關西風，除了外型不同，用料也不一樣。關東是像可麗餅一樣的卷狀；關西則為這樣的圓餅狀，表面是櫻花葉。

黃澄澄的油菜花田

這是我在國立昭和紀念公園撞見的一片油菜花田（日文：菜の花）。油菜花的花期很長，從二月到五月都可以見到她們的身影。一整片的油菜花田非常壯觀，鮮黃色與草綠色的搭配，讓人感覺充滿春天的活力。

小巧又優雅的粉蝶花

粉蝶花，日文的漢字名字很有詩意，為「琉璃唐草」。粉藍紫色的小花朵遍布成一大片粉嫩的地毯，非常療癒。關東最有名的賞花地點是「國營日立海濱公園」。

搭乘「東京都電荒川線」到町屋站，沿著鐵道一路可以欣賞攀附著鐵軌柵欄生長的玫瑰，五顏六色，品種多樣。

婀娜多姿的玫瑰

來到日本後，第一次見到一大片的玫瑰花園，和各種品種、色彩繽紛的玫瑰花。大阪的萬博紀念公園、中之島；東京的町屋站周邊、福岡的海之中道海濱公園，都是非常值得一逛的景點。

琦玉川越路邊的繡球花叢。看起來生氣勃勃的桃紅色、紫藍色的繡球花，真的是百看不厭。繡球花的顏色多樣，與土壤的酸鹼度有關：種植在酸性土壤的花呈藍色系；鹼性則是紅色系。

梅雨季裡的一點紅：繡球花

跟台灣一樣，日本也有梅雨季。日本國內又以緯度區分，各地的梅雨季起訖時間有所不同。在關東地區，通常是六月初到七月中，也有五月底就開始陰雨綿綿的時候。

我一直以來就很佩服日本氣象報告的準確度，而且是精準到每小時的陰晴、下雨機率。所以每天早上出門前，我一定會看一眼氣象報告，以免晚上要淋雨回家；而且也不可以小看春天和秋天的早晚溫差，多帶一件禦寒外套絕對不會後悔。

但是到了梅雨季，滯留鋒面的移動變化莫測，原本精準到每小時的降雨機率，常常變得不準確了，所以每到這個時期，帶把雨傘出門就對了。梅雨季時，常常連續好幾天都是細雨綿綿，或者突發豪雨，不但感覺皮膚變得黏膩，頭髮也會十分毛躁，家具也容易發霉，所以我並不是很喜歡梅雨季。不過，每到梅雨季，總會想到我在日本最喜歡的

一種花：繡球花（あじさい），日本的漢字為「紫陽花」，據說是平安時代的學者源順，誤用了唐代詩人李白形容歐丁香的名字，是不是挺有趣的呢？

我第一次看到繡球花的時候，就被她精緻的外觀和粉嫩多變的色彩深深吸引。在陰雨不斷的梅雨季中，被淋得濕漉漉的花叢顯得楚楚可憐，別有一番風情。日本國內有很多繡球花的觀光景點，但我其實沒有為了賞繡球花特地到某個名所。不過在散步途中，總會驚喜地撞見她們開在路邊，或是住宅門口、神社參道的花叢。另外，乾燥枯萎的繡球花團，僅剩下茶色的葉脈跟殘枝，像是歷經風霜的鬥士，有一種高貴傲骨的感覺。

繡球花造型的和果子，淨透的紫色外觀讓人捨不得吃下肚。

因為太喜歡繡球花了，在花店買了一朵回家，順便練習水彩。

熱鬧繁忙的夏天

漫長的梅雨季結束後，就正式進入夏季了。四季分明的日本，到了夏天，不只學生們放暑假了，大多數的上班族也有暑期連休；暑期也是訪日外國旅客最多的時候。再加上各種祭典活動，到處充滿著夏季特有的活力四射、熱鬧的氛圍。

日本也有七夕

七月七日，日本人會過七夕，不過他們的七夕跟情人節無關，在這一天日本人會在小紙條上寫自己的願望，掛在一種細竹子上

大阪的「OSAKA天川傳說」，就是非常有人氣的七夕活動。夕陽西下後，主辦單位會乘船至中之島的大川，撒下七萬顆藍色的LED燈，瞬間亮起的藍色燈球，就像在銀河裡的星星，非常壯觀又浪漫。

許願。這一天也會舉辦祭典或祈福活動。

日本三大祭之一：大阪天神祭

「日本三大祭」之一的大阪天神祭，是大阪天滿宮為祭祀學問之神菅原道真的祭典。每年六月下旬到七月二十五日，為期一個月左右。祭典最後幾天，可以到天滿宮附近，日本最長商店街「天神橋筋商店街」逛攤位逛到腳軟。只見商店街內的男男女女穿著五彩繽紛的浴衣，穿梭在人群中，木屐叩叩地作響；還有機會與「辣妹神轎」擦身而過；一旁的小朋友們嘻嘻哈哈地撈金魚、撈彩球……一整條商店街散發著歡樂的氣氛。

七月二十五日的本宮祭，在大阪的大川上航行的「船渡御」，做為迎神儀式。

天神祭時，天滿宮內設有這樣的大火爐，
把舊的御守交給專人燒掉。

天神祭中除了表演獅子舞，還有「獅子咬頭」的服務，據說可以除惡去邪。

到了七月二十五日晚上，在大川周圍還會施放煙火，將祭典帶入高潮。如果不提早卡位，可是會被人群擠到錯過賞煙火的大好時機喔！

長達一個小時的花火大會（煙火大會）

對於台灣人來說，說到「煙火」的第一個反應可能多半是「跨年活動」吧！不過對日本人來說，煙火的季節可不是冬天。在日本，煙火就是夏天的代表之一：每到七、八月，日本全國各地都會舉辦盛大的花火活動。

我印象最深刻的是大阪的「浪速淀川花火大會」。我曾經去過兩次，第一次是打工度假時，跟室友相約一起去，我們已經提早了快兩個小時，抵達淀川河堤時，河堤邊的好位置早已經有不少穿著浴衣的男女，鋪上一塊野餐墊席地而坐，喝著清涼暢快的啤酒、吃著下酒點心。因為八月的大阪有時甚至比台灣還要炎熱，所以手執扇子的人也不少，有些日本女生會把扇子插在腰帶上，看起來真是格外可愛。對比我們這臨時起義而兩手空空，只在路上的便利商店買了沙瓦跟霜淇淋的外國打工仔，日本當地居民真的是各個「有備而來」。

第二次觀賞浪速淀川花火大會，是從大阪西中島南方的家，走路二十分鐘左右抵達淀川河堤觀賞。

「浪速淀川花火大會」的觀看人數約五十萬至六十萬人，且持續一小時不斷地施放各種形狀的煙火（包含多啦A夢、貓咪、熊、大眼蛙、開心笑臉、愛心等等），五彩繽紛、規模之大令人驚艷。在台灣，跨年時能看到將近十分鐘的煙火就已經很滿足，沒想到日本的煙火動輒幾十分鐘甚至一個小時以上，真的是大飽眼福！

到了夏天要吃鰻魚？

以前住在大阪的時候，住家附近有一間古色古香的鰻魚飯專賣店，每次經過，烤鰻魚那勾人的香氣撲鼻而來，令人口水直流。某一天，看到店外掛了一張「土用丑日」的布簾，覺得疑惑，上網查了一下才知道，「土用丑日」其實一年四季都有，現在多指夏季的「土用丑日」，約在每年的七月十九日到八月七日之間。正值炎熱的夏天，人們容易食慾不振，導致營養失調、中暑，所以食用營養豐富的鰻魚，可以補充身體不足的養分。因此到了七月，各家超市便開始主打鰻魚祭；百貨公司和便利商店更會提早推出鰻魚預購方案；連鎖餐飲店也能吃得到限定的鰻魚定食呢！

關東跟關西的鰻魚料理方式不一樣！

關西 從腹部切開，關西一帶（特別是大阪），為商人文化，敞開心胸交談才能做好生意（日文：お互い腹を割って話そう）料理方式是直接烤，口感較脆。

關東 從背部切開，因為江戶武士文化，將鰻魚從腹部切開，令人聯想到「切腹自殺」，所以改從背部切開。料理方式為先蒸過再烤，調理時間較短，口感較柔軟。

下次有機會來到日本吃鰻魚飯的時候，可以注意一下兩者的不同喔！

尚未轉紅的黃橘色楓葉也很美

最愛的秋季，推薦的紅葉景點

大概進入九月中旬後，早晚溫差就逐漸拉大，迎面而來的風也有些涼意，秋天默默地就來了。秋季是我最喜歡的季節，雖然春天的櫻花也很美，百花齊放，適合春遊。但我更喜歡秋天的紅、黃、橘相間的紅葉景觀、舒適的氣溫、秋高氣爽的藍天白雲。

關西是一個非常適合賞楓的地區，特別是京都的紅葉景點，全國知名。不過到了這個時期，著名的賞楓景點通常會擠滿了國內外的觀光客，很難悠閒地慢慢穿梭在紅葉景色之中，所以至今令我印象深刻、還想再去一次的景點，都是相較冷門的地方。

散落在地上的枯葉，早秋的桂花

光明寺（京都 長岡市）

光明寺是位於京都長岡地區的寺廟，懷石料理店同事大推的賞楓景點。因為不像京都其他著名的寺廟及神社，光明寺周邊的觀光景點不多，而且必須搭乘公車才能抵達，所以相對之下，海外旅客的人數較少。

光明寺最有看頭的就是「紅葉參道」，整個寺廟的腹地會被一整片火紅的楓葉壟罩，參道中間的「藥師門」和紅葉一起入鏡，是美不勝收的絕景。

交通方式

JR「長岡京　」／阪急電車「長岡天神」站下車後，轉搭阪急巴士20、22系統巴士，並於「旭が丘ホーム前」下車。

服部綠地公園內的「都市綠化植物園」。秋天不僅可以賞楓，很多樹木都在此時轉紅，還有可愛的白色芒草。

服部綠地公園（大阪 豐中市）

這個擁有廣大腹地的公園就在我曾居住的江坂住家附近，走路才十幾分鐘就可以抵達。我居然是快要搬家前才第一次前往，真的是相見恨晚！那時候剛好是秋天，為了跟我居住了快兩年的地方好好告別，我決定到處走走，便一路散步到了這裡。服部綠地是可以自由進出的大公園，一年之中會舉辦各種活動。其中的「都市綠化植物園」和「日本民家集落博物館」等設施則需要購買門票入場。

「都市綠化植物園」的紅葉風景非常漂亮，可以觀賞各種品種的樹木跟花卉，還有小溪穿過其中，因為人煙稀少，四周相當安靜，也很適合一個人在這裡散步跟發呆。植物園內還有植物相關的ＤＩＹ活動，例如做橡木子裝飾物等等，很推薦喜歡植物園的人前往。

交通方式　北大阪急行「綠地公園」下車後步行約10分鐘

星田園地（大阪 交野市）

為了尋找秋季旅遊景點，瀏覽日本的觀光網站時，被星田園地那茂密森林裡的巨型吊橋震懾不已，決定一定要親眼見證一下。跟同在大阪工作的高中同學約好後，來個久違的芬多精一日旅行。星田園地中，長達兩百八十公尺、高度五十公尺的超大型吊橋，又美稱「星空中的鞦韆」，可以三百六十度無死角環顧滿山遍野的紅葉。不過溪谷間的強風吹得吊橋一陣一陣地晃動，讓我忍不住腿軟，需要足夠膽識才能制霸這絕美勝地。

除此之外，園地裡的健行路線也很完備，是一個可以慢慢玩一天的森林行程。

交通方式　京阪電車「私市站」下車徒步40分鐘

箕面公園、勝尾寺（大阪 箕面市）

位於大阪北邊的箕面公園和勝尾寺，可以規畫為賞楓一日行程；勝尾寺的小徑裡散落了紅通通的楓葉，還有境內隨處可見的「祈願不倒翁」，像小精靈一般出沒在圍欄上、任何平坦的裝置上，非常可愛。不遠處的箕面公園則是沿途都有楓葉可以欣賞，箕面瀑布也美不勝收。

箕面的另一個特色為名產「炸楓葉」，在沿途的小攤販就可以購買。乾燥的紅色楓葉上裹著一層麵皮，吃起來甜甜脆脆的，意外地很好吃呢！

交通方式

箕面公園：阪急箕面站下車，徒步10分鐘至箕面公園入口（走到瀑布約40～50分鐘）

勝尾寺：地下鐵御堂筋線「中央千里」站下車後搭乘巴士約30分鐘

國營昭和紀念公園（東京 立川市）

到了秋天怎麼能不賞銀杏呢？人口密集的東京，著名的紅葉景點常常人山人海，如果不想人擠人，這時候可以考慮腹地廣大的國營昭和紀念公園。這裡距離東京市中心大約一個多小時的電車車程，境內種植了各種植物，所以一年四季都很有看頭。秋天時，這裡的銀杏林蔭大道更不輸給赫赫有名的神宮外苑呢！觀賞完銀杏後，可以逛逛其他設施，如：盆栽苑、日本庭園、池塘，或是在大草坪上野餐。非常適合跟朋友、家人在這裡放鬆一整天。

交通方式　JR青梅線，西立川站「公園口」徒步2分鐘

京都北野天滿宮的
銀杏一角

北野天滿宮（京都 上京區）

全國天滿宮的總社——京都的北野天滿宮，除了賞梅，秋季才開放給民眾參觀的「楓葉苑」也非常值得一逛。境內約種植了三百五十棵楓樹，到了秋天就形成了紅色的森林。這裡還有豐臣秀吉為了抵禦外敵、整備鴨川氾濫問題而建造的土壘「御土居」的其中一部分，來到此處，可以同時感受美麗的自然景觀與史蹟。

交通方式

京都市巴士「北野天滿宮前」下車直達；或搭乘京福電鐵，至「北野白梅町」站下車後徒步約5分鐘

冷颼颼的冬季

令人興奮的雪景

我很喜歡冬天，特別是下雪的日子。看到綿綿白雪從天空中飄落下來，真是浪漫至極。東京和大阪不常下雪，就算下了雪也很快就融化，地面上總是濕漉漉的；京都因為地形的關係，比較容易積雪，氣溫也比緊鄰的大阪、奈良更低一些。每次搭電車從大阪到京都，短短半小時的車程，一下子變得好冷，風景也很不一樣，有一種神奇的感覺。

相較於台灣人，大部分的日本人對於雪的反應比較沒有那麼興奮，反倒是電車和新幹線很可能因豪雪而停駛，影響通勤，多數人都覺得很麻煩。

記得二〇二〇年三月底，東京在櫻花盛開的同時，天氣突然降到零度左右，還下了一場雪。這反常的天氣讓我好奇地跑到附近開滿櫻花的小學學校湊熱鬧。看到那櫻花樹枝上的積雪，和吹落在地面上的粉紅色花瓣，花瓣被冰封在透明的殘雪中，晶瑩剔透，好像櫻花口味的粉色刨冰。

浪漫的聖誕節、吃炸雞和蛋糕的日子

過完萬聖節的隔天，幾乎所有的店家都立刻換上聖誕節裝飾，各個百貨公司、遊樂園、觀光園區，甚至大馬路旁，都不難見到五彩繽紛的聖誕燈飾，到了晚上彷彿進入童話世界。

日本人過聖誕節不吃烤雞，倒是一定要吃肯德基和蛋糕。便利商店為了搶商機，也開始販售聖誕炸雞、草莓蛋糕。即使便利商店和各家餐飲店使出渾身解數搶這一杯羹，一到平安夜那天，卻依然只有肯德基和蛋糕店大排長龍，真是個有趣的現象。原本沒有在聖誕節吃蛋糕習慣的我，後來竟也被影響了，不買塊蛋糕過節總覺得少了點聖誕氣氛。

賀年卡

以前上日文課的時候，就聽說過日本有寄賀年卡給親友、同事、

客戶的習俗，更令人驚訝的是，郵差要在元旦那天上班，好讓民眾在開春的早晨就收到熱騰騰的賀年卡，簡直是東方的聖誕老人。因為賀年卡算是一種重要的社交方式，聽同事說他們一家每年要寄出一百多張，所以都直接用彩色列印，連賀詞都用印的，可以省去手寫的麻煩。有時候收到這種制式的賀年卡，感覺似乎少了一點溫度。所以我都盡量手寫，有一年我還自己手繪了一套賀年卡。另外，日本的賀年卡上，還有抽獎號碼可以兌獎，非常有趣。

我手繪的狗年賀年卡。空白處可以寫下給對方的簡單問候語。

年末年始

・跨年蕎麥麵（年越しそば）

日本過的是國曆年，十二月三十一日除夕那天，有吃跨年蕎麥麵的習俗。據說蕎麥麵因為比其他麵類容易咬斷，象徵可以切斷今年一切厄運。快到歲末的時候，不少蕎麥麵餐廳就會提供跨年蕎麥麵的預約服務，因為除夕夜時，店家都會提早關門，若不事先預約，恐怕就品嚐不到餐廳的美味了。身為一個隨興的外國人，我通常會在便利商店或超市買蕎麥麵泡麵過過癮。

・豐盛又豪華的年菜（おせち）

日本人過年還有一個重頭戲，就是要吃一格一格、裝在盒子裡的年菜，通常是一至三層疊在一起。格子內的年菜，每一道都有它的意涵，例如蝦子因為形狀彎彎的，很像駝背的老人，所以有長命百歲的意思。日本的年菜要價不斐，基本都要上萬日圓。也有家庭會自己做，只是年菜品項繁多、手續繁雜，在百貨公司或餐廳、超市預購，可以省下很多時間。

第一次在日本過年，我也應景在超市買了陽春版的年菜，學日本人過年。

雜煮，也是過年時會吃的食物。各地區的雜煮略有不同，京都的雜煮以白味噌為湯底，加入圓形的麻糬。通常配料為白蘿蔔（象徵安定的生活）、里芋（象徵升官、子孫滿堂）、昆布（象徵開心度日）、牛蒡（象徵開運）等等。

• 初詣

進入新年後的第一次參拜稱為「初詣」。大多數的日本人會前往住家附近的神社或寺廟參拜。我在東京時，到了新年期間，住家附近著名的「拔刺地藏尊高岩寺」就會湧入滿滿的參拜人潮。日本人還會購買御守和破魔矢（一種箭形的日本傳統祈福用品），祈求新年的好運與吉祥。

橘子

說到冬天的水果，一定要推薦一下日本的橘子。日本常見的橘子是體積較小的愛媛蜜柑，不需要挑籽，剝了皮就可以吃，十分方便。日本同事推薦我把橘子加熱來吃，可以用烤的，或是放入微波爐稍微加熱（要小心爆破），在冷颼颼的冬天品嚐溫熱甘甜的橘子，也可以補充維他命C，是很推薦的吃法！

惠方捲

在撒豆節「節分」（通常是二月三日或其前後）時吃的一種海苔飯捲。食用時，瞄準每年的「吉方」，一口氣安靜地把一整捲惠方捲吃光，就可以帶來福氣。據說是大阪商人為了促進海苔的銷量，所創造出來的新商機，現在惠方捲的習俗已經普及日本全國各地。

惠方捲通常是很粗的長型飯捲，豪華版本甚至還有十幾種配料，包含生魚片和鮭魚卵、鮮蝦等等。因為要一口氣吃完，以免「福氣被截斷」，所以也延伸出細捲和半條的短惠方捲。還有攻陷小孩子味蕾的蛋糕惠方捲呢！

一到節分這一天，就可以看到日本人在壽司店前大排長龍。這一天我也會沾沾過節氣氛，犒賞自己一條豪華的海鮮惠方捲。

第6章

遊記、食記

旅居日本期間，我的旅遊足跡遍及日本各地，除了一個人搭乘電車或新幹線、飛機到鄉下遊玩、體驗當地的鄉土料理和自然美景，最常駐足的還是我居住的兩個城市——大阪（京都也不少）和東京。因為不喜歡熙熙攘攘，所以總是挑平日出發，或是非定番的景點走走。

身為居民的旅遊方式

有別於觀光客時期，住在日本國內，旅遊的心態變得與以往大不相同。以前我會在有限的天數裡，排進好多景點，一個卡一個，弄得神經兮兮，每天早出晚歸，通常走個兩三天就走不動了。

來日本之後，我改掉之前像行軍一樣的行程，而是把一定要去的目的地列出來，其他細節就隨緣吧！現在的我更著重在季節、文化體驗、自然風景上的享受。也會想辦法避開人潮，選擇比較不是那麼熱門的景點。

在台灣我幾乎沒有一個人出遊過，居住在日本後，我變得習慣、也挺喜歡一個人旅遊。一開始是因為打工度假時，大家的排休日很難湊在一起，一個人行動反而變得說走就走，可以自己掌握行程，隨機應變。久而久之就也變得很享受這種旅遊方式。

獨自一人雖然沒辦法和旅伴共享對美景的感動，用餐的選擇也有一些限制。但好處也非常多，最大的好處是我的五感會變得更加清晰，能夠專心地感受眼前的風景、聆聽大自然的聲音和身旁路人間的對話、一個人靜靜地思考，或是把自己放空，什麼都不想。

我的一人旅遊的小tips

- **景點規畫：**除了網路上的資訊（如Tokyo Walker、各家鐵道公司的官方網站、展覽網站、Facebook粉絲專頁），我平常就會注意旅遊雜誌、電車上的觀光廣告、電視上的旅遊節目。另外，如果能力所及，出發前先查詢該景點的歷史與風土民情，玩起來會更有感受，也不會走馬看花。
- **行程規畫：**因為很多觀光地下午四點至五點左右就關閉了。我習慣早一點出發，才能在沒有時間壓力下逛寺廟、神社、展覽、植物園等，也比較不會人擠人。下午逛累了就可以去咖啡廳好好休息，晚上若還有體力的話，回到市區後還能逛逛街。有些鐵道網站還會提供推薦的行程，或是到了當地也有旅遊路線圖、小冊子可供索取。
- **交通規畫：**善用Google地圖、轉乘案內APP、各鐵道公司的官方APP，並將路線存至手機。如果搭乘的鐵道路線或景點有推出套票，可以以非常划算的價格盡情暢遊。

- **行李：**郊外旅遊需要長時間步行，我會以背包為主。除了基本的用品外，看天氣預報攜帶雨傘。觀光地不一定隨處有餐廳，我會依照情況帶個飯糰或是零食。因為冬天時不太會流汗，為了減量行李，我只會帶兩件外衣，每天替換貼身衣物和襪子即可。如果心血來潮還會帶速寫本。
- **用餐：**到了鄉下地方或是其他縣市，我會選擇當地的鄉土料理。若是在東京市區，常常是隨當下的心情找店家，或透過評分APP尋覓美味名店。
- **記錄：**因為不想要背很重的行李，通常我只用手機拍照。如果有特別想要拍攝的風景，如櫻花或楓葉，才會帶類單眼相機出門。雖然常常不由自主地一直拍照，但我會提醒自己要多透過眼睛觀察，用心體會。不然難得跑一趟，卻都在盯著鏡頭和螢幕，實在很可惜。有時候坐下來速寫，的確會對當下的風景更加有感覺、印象更深刻。

關西地區

和歌山縣
莊嚴的聖地高野山

日本佛教真言宗開山祖師「弘海大師」留唐回國後，在和歌山高標一千公尺的群山中，建立了金剛峰寺，後來成為現今的「高野山真言宗總本山」。高野山腹地廣闊，值得參觀的歷史與宗教景點非常多，最令我印象深刻的是「奧之院」：長達兩公里的參道，一路通往弘法大師御廟。參道兩旁有兩萬多座慰靈碑，坐落在樹齡七百年的杉木森

進入奧之院的參道，好像進到了另一個世界，不由得肅然起敬。兩旁的慰靈碑與墓碑坐落在老樹與雜草之間。靜靜地觀察墓碑上的名字與歷經風霜後所留下的痕跡，想像著當年的情景，和思念故人的心情。

林之間，卻一點都不令人感到恐怖。當中還有不少著名歷史人物的慰靈碑，如德川家康、織田信長、豊臣秀吉、武田信玄、上杉謙信等等。

與奧之院並稱高野山聖地的「壇上伽藍」，為弘法大師傳授真言密教的道場，境內共有十九項歷史建物。此紅色建築是「根本大塔」，為日本最古老的多寶塔。

京都

假想的向日市激辛商店街

「向日市」位於京都府，是西日本面積最小的市。起初為了製造話題，便以「激辛」為主題，發起了「假想商店街」。也就是這裡並沒有一條實際的「商店街」，而是只要販售激辛料理或跟辣椒有關的商品，都可能成為「激辛商店街」的一員。每年還會舉辦激辛料理比賽呢！

因緣際會下，我跟朋友一起挑戰了激辛商店街裡的某一家拉麵店，菜單還標示著辣度，必須挑戰指定辣度才能點更辣的菜單。我們倆自認很嗜辣，最後卻連基本門檻都辣得頭皮發麻，猛灌冰水。

向日町激辛商店街的吉祥物

在激辛商店街，絕對不能小看這看似平凡的拌麵。真的會讓人辣到滿頭大汗 。

京都

伏見不是只有稻荷大社

使用京阪電車推出的「伏見・宇治一日券」，可以走訪沿線大大小小的景點。從大阪出發，先到被列為日本三大八幡宮的「石清水八幡宮」，欣賞境內的國寶建築、搭乘纜車眺望山下美景。這一帶還有「飛行神社」、電影《明天，我要和昨天的妳約會》取景地點：京都風章魚燒店（たこ焼き　いっちゃん）。

從「伏見桃山」一下站，眼前就是濃濃復古味的「伏見大手筋商店街」；往中書島站方向走，沿途有不少老房子，著名的日本酒品牌「月桂冠」的本社就在此地。參觀紀念觀光工廠還可以獲得一小罐紀念酒。這一帶還有江戶時代運送酒、米往返於伏見與大阪之間的「伏見十石舟」，現在已不運物資，改為觀光船，在綠色的柳樹樹蔭下緩緩航行，有種別致的風情。

距離「石清水八幡宮」不遠處的「小谷食堂」，層次豐富又美味的咖哩烏龍麵定食，價格平易近人。套餐可以選可樂餅或炸雞。

穿梭在柳樹蔭之間的伏見十石舟。

我與友人也心血來潮準備了野餐墊和餐飲，欣賞河堤浪漫的櫻吹雪。

京都

長達一．四公里的櫻花大道 背割堤

從京阪本線「石清水八幡宮」站下車，約步行十分鐘，即可抵達這塊將木津川和宇治川劃分開來的「背割堤」。春天櫻花開的季節，河堤上超過兩百棵櫻花樹形成了一條綿延的粉紅隧道。櫻花大道的兩側有著寬廣的草地，不少日本人會在此野餐、散步。伴隨著徐徐陣風飄落的櫻花花瓣，從河堤高處迎面吹來，美到難以言喻。

京都

日本三景之一的天橋立

京都給人的印象多為「京都市」裡的古老神社和傳統日式建築，或是嵐山、宇治一帶的風景。不過範圍擴大至「京都府」，就絕對不能忽略被稱為「海之京都」的丹後地區。這裡擁有美麗的沿海景觀，顛覆了我對京都二字的既有印象。其中，被列為日本三景之一的「天橋立」，是歷經千年而形成的自然沙洲，全長三．六公里的沙洲上，生長了約八千棵天然松樹。

而觀賞天橋立的沙洲風景有個有趣的方式，為「胯下眺望法」：從自己的胯下看過去的天橋立，因為天地倒立，彷彿一條龍飛往天際。從天橋立南北兩側望去的風景各不相同，從北側的傘松公園看過去的筆直沙洲，又稱為「昇龍觀」；在南側的天橋立View Land可以看到沙洲有如躍向天際的飛龍，又稱「飛龍觀」。

幸運地遇到晴空萬里的一天。
藍天倒映在日本海面上，在天橋立View Land的胯下眺望台，興奮得一窺這神祕的地理景觀。

奈良

神祕的古都，優美的自然

看日本的電視節目，曾聽到主持人調侃奈良縣民的作息跟奈良鹿一樣，天還沒黑，店家就早早關門。聽起來有點好笑又誇張，不過來到奈良觀光，發現確實沒有太多「夜生活」。記得有一次我到某個觀光地，打算逛完古蹟後，回程在車站附近的咖啡廳用晚餐，沒想到附近的店家下午三四點就結束營業，只能餓著肚子跳上電車。

除了高人氣的奈良公園與東大寺，如果喜歡具有歷史意義的建築與人文古蹟，我也很推薦橿原神宮、飛鳥一帶、以及跨越了十四個世紀的法隆寺。如果想接近大自然，欣賞四季美景，吉野山可以漫遊一整天。

無所不在的奈良鹿。除了奈良公園，牠們有時候還會潛入春日大社，吃掉石燈籠的紙糊，或是嚼嚼路邊的鐵欄杆。但是到了晚上，幾乎不會見到奈良鹿的身影，到底大家去哪兒了呢？

奈良公園的鹿，不太怕生，用呆萌的黑色雙眼盯著你看的樣子，真的非常可愛。

來份軟綿綿的明石燒吧！

使用關西山陽電車的一日票券，來到其中一站「山陽明石」站，享受兵庫縣明石市的鄉土料理「玉子燒」吧！在地人稱的「玉子燒」，為了和也被叫做「玉子燒」的雞蛋捲區隔，又被稱為「明石燒」。和章魚燒不同的是，明石燒的用粉包含了一種叫「浮粉」的材料，使得口感相當軟爛，而且通常是浸一下鰹魚昆布高湯再食用，而不是加上美乃滋和章魚燒醬。山陽明石站的「魚之棚商店街」，可以嚐到從明石魚場捕獲的新鮮明石章魚及明石鯛。整條商店街有滿滿的鮮魚餐廳，且到處都是章魚圖案的看板和擺飾，讓人食慾大開。

除了熱鬧的魚之棚商店街，附近有一家人氣明石燒店「本家木村屋」（日文：本家　きむらや），上午就已是大排長龍。一人份共有二十顆，每一口都能吃到入口即化的外皮和彈牙的章魚。

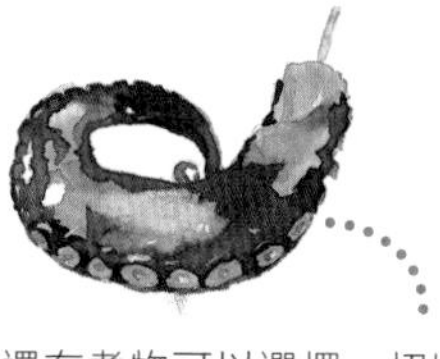

店內還有煮物可以選擇，招牌的大章魚腳超級鮮甜，吃得非常過癮！

三重

伊勢神宮與周邊景觀

因為一直對「日本人心中的故鄉」的「伊勢神宮」抱著很大的好奇，打工度假時，我特地排開了打工排班表，空出了五天，背上背包就往三重縣出發。那時候沒有特別查行程，甚至連住宿也是到了當地才訂。

搭乘近鐵電車從大阪出發，首先到了「伊勢橫山」站，前往「橫山展望台」，可

從橫山展望台眺望的英虞灣海景

以將英虞灣上的六十個島嶼盡收眼底。接著往重頭戲「伊勢市」繼續前進。

伊勢神宮是由大大小小共一百二十五個神社集結而成，自古以來就具有崇高的地位，更是日本人一生至少要造訪一次的聖地，每年都會湧進大量的參拜客。古時候還沒有大眾交通工具時，民眾甚至會不遠千里，徒步或乘船來到伊勢參拜，也因此為當地帶來了繁榮的貿易及觀光商機。

例如「伊勢河崎商人街」就是江戶與明治時代興起的繁華城鎮，透過勢田川的水運，供應從各地來訪參拜的旅客需要的物資。至今伊勢河崎商人街的店家已轉變成商店與咖啡廳、展間等，不過大部分還是保留著當時的建築與街道外觀。走在伊勢河崎的街道上，古色古香的氛圍，感覺很像穿越了時空。

伊勢烏龍麵。與印象中彈牙有嚼勁的烏龍麵不同，伊勢烏龍麵的麵身很軟，吃起來很綿密，比較像多汁的拌麵，醬汁偏甜。

三重

逛逛鳥羽水族館，大啖海鮮料理

鳥羽水族館是我來到日本後，第一次參觀的水族館。當時只是被宣傳海報上那抱著貝殼，仰躺在水面上的海獺吸引，還不知道鳥羽水族館的來頭。原來這裡是日本國內累計入館人次中，僅次於大阪海遊館的超人氣水族館呢！實際造訪後，它成了我目前最喜歡的水族館。

不僅館內非常寬敞，逛起來很舒適，展區設置在長達一・五公里的走廊單側，沒有固定的動線，這種高自由度的規畫，可以盡情地來回觀看喜愛的海生。

鳥羽水族館內展示的動物種類高達一千兩百種（二〇一九年十一月），包含了不少珍稀的物種。其中最著名的，是又稱為「美人魚原型」的「儒艮」。因為儒艮非常不易飼育，目前世界上僅有兩處水族館可以見到牠的身影，有機會再訪鳥羽水族館的話，希望再多看幾眼這珍貴的美人魚。

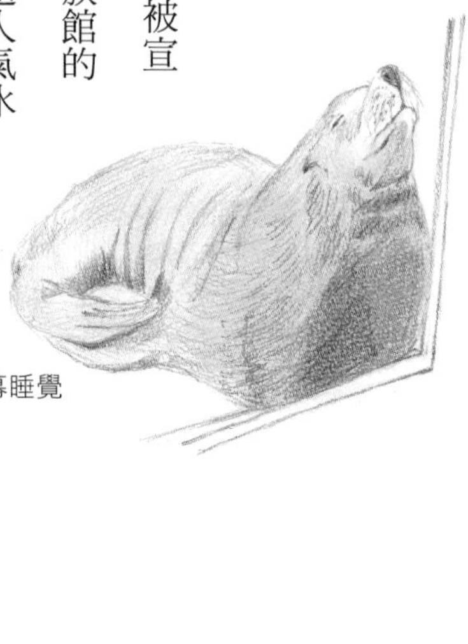

靠著玻璃帷幕睡覺的巨大海獅

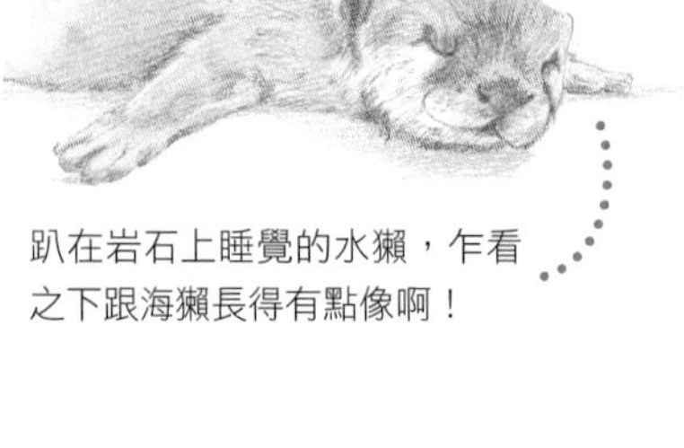

趴在岩石上睡覺的水獺，乍看之下跟海獺長得有點像啊！

黑白海豚親子，總是一起游泳
真的很可愛！

離開鳥羽水族館，順道至鄰近的「御木本真珠島」（MIKIMOTO真珠島）參觀，了解御木本的創始人——御木本幸吉在此地成功養殖人工珍珠的故事。還可以一探珍珠相關的知識（珍珠等級、養殖過程等），這裡也展示了來自世界各地的珍珠飾品，除此之外還有定時的海女表演。

中午到水族館走廊盡頭的餐廳用餐，本來沒抱太大期待，意外地頗好吃的拉麵。

鳥羽車站附近有很多以販售海鮮為主的餐廳，我來到這家「海女小屋」（日文：海女小屋 鳥羽 はまなみ），店員身穿海女服忙進忙出，海鮮都是在炭火上新鮮現烤。很多客人豪邁地吃著龍蝦，我則點了這套店內招牌之一：「五種貝類、海膽飯套餐」，一次品嚐到不同的食材，很過癮。

三重

充滿神祕感的島嶼——答志島

從鳥羽搭乘小汽船抵達這座以漁業為主的島嶼「答志島」。島上隨處可見海女小屋和停靠岸邊看似已廢棄的漁船、散落在地上的捕漁網。耳邊聽聞風聲、海浪聲及海鳥的叫聲；還能聞到一點點海水鹹鹹的味道。

除此之外，答志島非常寂靜，就是因為太安靜了，正以為都沒有人煙的時候，竟會發現小船後面有漁民在整理漁網；角落有拿著畫板的人在寫生，沒有交集與對話，周圍的人們和自己似乎身

正在寫生的女子。一綑綑似乎已廢棄的漁具被擺放在路邊，答志島的每個角落都像是有被設定好的場景，具有生活感卻空蕩蕩的道路，給人很多想像。

在平行世界裡，眼前的風景對我而言都太過「非日常」。

看著門戶大開，卻不見人影的海女小屋，屋外還掛著看似使用過的手套和捕魚用具，不禁懷疑這個海女小屋究竟能不能進去參觀？還是這樣是誤闖民宅？在腦中不斷地湧進各種想像。

沿著答志島的海岸散步著，眼前的海水乾淨透徹，底部的石頭清晰可見，再仔細一瞧，還可以看到不少寄居蟹呢！

島上的聚落至今也令我印象深刻。房子之間蓋得非常緊密，所

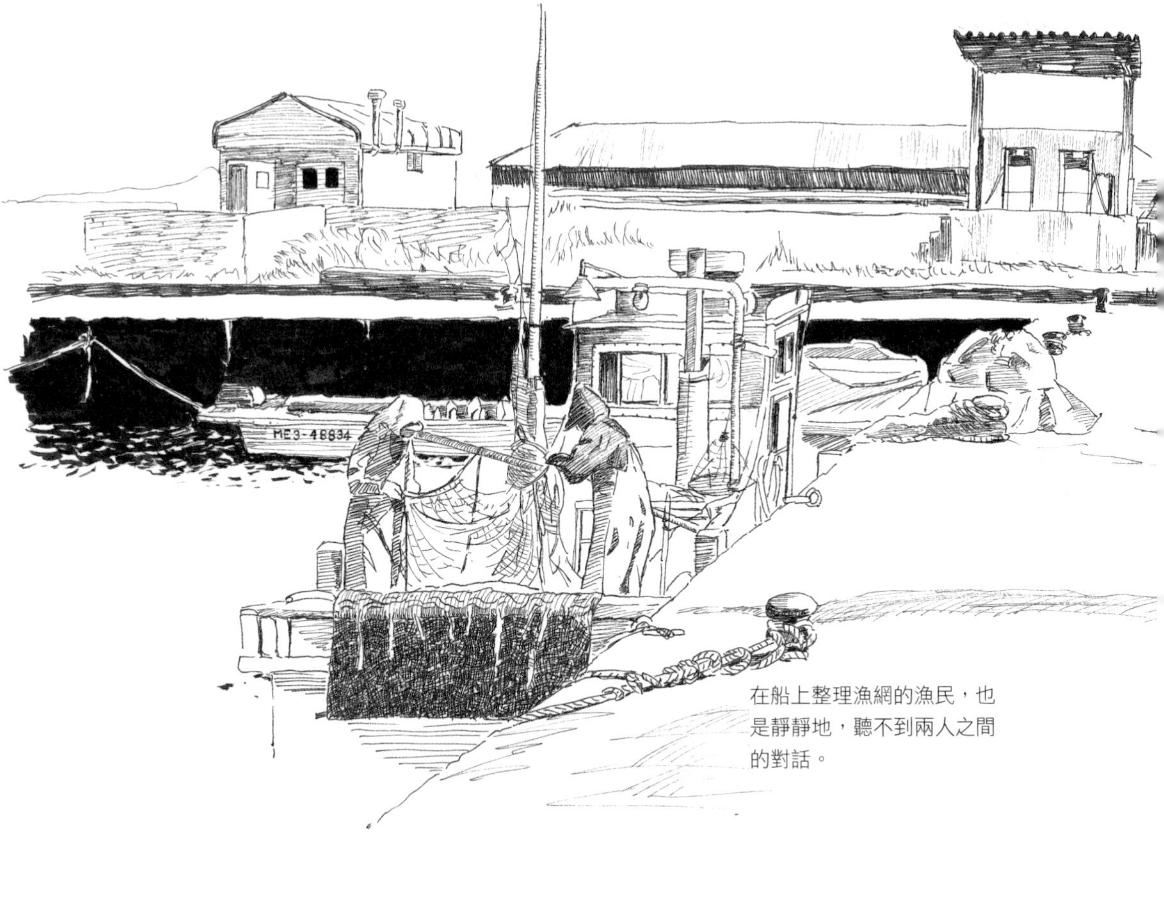

在船上整理漁網的漁民，也是靜靜地，聽不到兩人之間的對話。

小巷子裡的房屋非常緊密，住家外頭，除了牆壁上的「八」字外，不難看見潛水裝、雨鞋、手套等大辣辣地擺放在門外。

以走道相當窄小，路邊停靠著不少自行車與機車。還有一個有趣的發現：家家戶戶的牆壁上都寫著黑色的「八」，並在外圍畫了一個圓。原來這個「八」字是代表當地的「八幡神社」，塗在牆壁、門戶、漁船上，以保佑漁獲滿滿、平安健康。

島內為數不多的食堂之一：ロンク食堂。很有在地感的餐廳，店主很親切。當日特餐定食超出想像的豐盛。魚肉熬煮得很入味，味噌湯還加了隻蟹腳。

東京與關東近郊

神奈川縣川崎市
隨處可見哆啦A夢的城市

「川崎市」位於神奈川縣東北端，在東京、橫濱兩大都市之間，以重工業跟服務業為主，著名的富士通跟東芝都在此設廠，到了晚上，奇幻的工廠夜景吸引許多攝影師前往拍攝。

川崎市分為七個行政區，其中「多摩區」是個很適合喜歡大自然及人文藝術的旅者前往。只要搭乘電車小田急線到「登戶」站，就可以轉搭「哆啦A夢」公車到漫畫家藤子・F・不二雄博物館。鄰近的「生田綠地」，不僅是適合親子遊樂的綠地公園，境內還有「岡本太郎美術館」、展示日本各地老屋的「日本民家園」等，可以一次徜徉在文藝氣息和芬多精的洗禮下。

某年晚夏時，我到此來個一日往返的小旅行。第一站先到了又稱為「杜鵑院」的

一大清早，連住持都還沒來得及把本堂的門戶打開。沒有人煙的寺廟顯得格外幽靜，與東京都內的氛圍截然不同。

「等覺院」。每年四月初至五月上旬，等覺院就會因為境內杜鵑花的盛開，變成五彩繽紛的夢幻仙境。我到訪當時，等覺院雖然沒有鮮花點綴，但夏日蟲鳴、一片綠油油的景色也覺得別有一番風情。

適逢「藤子・F・不二雄博物館」開館八周年。主題餐廳推出了一系列限定餐點。藍色的冷飲喝起來有點像台灣的雪泡飲料，餐點的圖案和擺飾都好可愛。

在「向之丘遊園」站附近的麵包店「Cest une bonne idee」買了幾個麵包，接近打烊時間已經所剩不多，可見人氣頗高。其中金牛角麵包酥脆的外皮搭配軟Q蓬鬆的內層，奶油香氣撲鼻。而紅豆麵包的外層口感有點像軟法國麵包，搭配北海道紅豆內餡一口咬下，越嚼越香！

東京

去吉祥寺時
也把深大寺排進行程吧

來到東京觀光，很多人會去著名的購物站「吉祥寺站」以及附近的井之頭公園。如果不是安排一整天集中火力購物，推薦加入「深大寺」這個景點，從吉祥寺搭乘公車約十五至二十分鐘即可抵達。

深大寺歷史悠久，建於西元七三三年。擁有東日本地區最古老的國寶級佛像，是相當聞名的佛寺，不過因為較偏離市區，意外地清幽。附

近還有腹地廣大的神代植物園，很適合像我一樣不喜人多的旅客。深大寺內供奉的「元三大師」，是「求籤」的始祖。這裡凶籤的比例比其他神社、寺廟來得多，但根據深大寺的說法，抽到凶籤之後的運勢會由凶轉吉，其實是代表著好運即將來到。

深大寺蕎麥麵

深大寺附近因為土壤質地及富有泉水，自古以來蕎麥麵就相當知名，更是進奉給上層階級的食物。到了近代，已經普及成平民美食。這一帶的蕎麥麵屋非常多，有些店家還隱身在樹林之間。

我來到名為「湧水」的蕎麥屋，因為天氣炎熱，我點了較為清爽的豆皮蕎麥麵和深大寺啤酒。夏天果然要吃冷蕎麥麵，Q彈的手打麵身吸附了濃濃的柴魚味醬汁，加上微微嗆鼻的芥末，原來蕎麥麵可以這麼好吃！

東京

都市近郊的森林浴：高尾山

在都市裡待久了，總會很想到大自然走走，從東京市中心搭乘電車約一個小時左右，就可以抵達東京西邊「八王子市」的「高尾山」，在短時間內就能讓自己遠離塵囂。高尾山海拔五九九公尺，並有多種登山路線供選擇，可以依照自己的體力、喜好的風景挑戰不同的路線。到了秋天，高尾山的紅葉也是東京知名的賞楓景點之一。

一下電車便能在車站外拿到一本高尾山野花小冊子，上面介紹了各個季節的野花，對照著冊子尋花就像尋寶一樣好玩。八月份我和室友們一起登山時，幸運地欣賞到蛇莓、玉紫陽花、桔梗、山杜鵑花、姥百合等山中野花。

山杜鵑，有紅色的小斑點，隱身在山壁旁邊。

在草叢中發現的野花，紫色的桔梗非常精緻可愛。

在高尾山口站附近的「599博物館」，展示了高尾山的野生動物模型、植物及昆蟲標本。還有自然小教室可以預約體驗呢！夏天來到此地，可以聽見熱鬧的蟬叫聲，靠近小溪及瀑布的地方也挺涼爽的呢！

到了高尾山山頂，可以看到很多日本人鋪上一席野餐墊，觀賞風景並用餐聊天。山頂也有幾家蕎麥麵店和小吃可以填飽肚子，不過我們最後選擇了下山後的蕎麥麵老舖「高橋家」，揮汗後的一餐真是格外美味，夏天享用冷蕎麥，搭配滑滑的山藥泥，以及酥脆的天婦羅，犒賞一下辛苦爬了快七公里的自己。

我跟室友們異口同聲大讚的美味烤丸子，甜甜鹹鹹的核桃醬汁裹在外酥內軟，嚼勁十足的烤丸子上，不會太黏牙，又吃得到甜甜的米香，現在回想起來還是好想再吃一串。

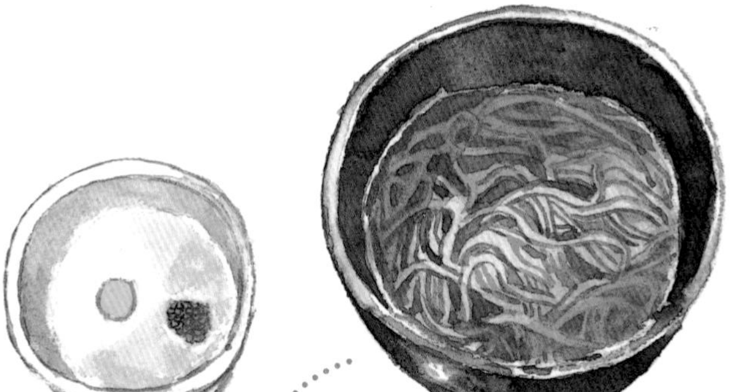

高橋家 蕎麥麵，是一家擁有近兩百年歷史的老店，古樸的建築，還有樹齡一五〇年的柿子樹貫穿其中。這家蕎麥麵的麵身很有嚼勁，醬汁方面，除了一般常見的山葵、七味粉，還可依個人喜好加入海苔、芝麻，以嘗試各種吃法。天婦羅蕎麥麵裡有柿子乾的炸天婦羅，第一次吃到果乾的天婦羅，甜甜的口味別具特色。

東京

東京灣唯一的無人島「猿島」

自從去了三重縣的海島「答志島」後，讓我對小島旅遊充滿了好奇。乘船幾分鐘的距離，就可以置身在另一個氛圍的區域。來到東京一年半後，在友人臨時起意下，一起去了東京灣唯一的無人島「猿島」！

原本以為無人島旅行應該需要舟車勞頓，沒想到其實交通非常便利。從東京市區出發，只要乘電車約一小時至一個半小時左右即可抵達搭船處的「三笠公園」，且汽船的航班數也不少。因該島外圍僅一．六公里，慢慢散步加上用餐，兩三個小時綽綽有餘。

猿島從幕府時期到二次大戰前被作為軍事用島，島上有許多炮台和彈藥庫的遺跡。二戰後至一九六一年被美軍接收，後來又一度中斷航線，禁止出入。直到一九九五年開始才再度通航，讓島上的軍事遺跡之中，冒出人煙中斷後恣意生長的草樹，處處充滿著野生的神祕感。

神奈川縣

橫須賀老虎板大街，彷彿穿越國度到了美國

離開猿島後，可以步行約十五分鐘，至「京急汐入站」附近的「どぶ板通り」（老虎板大街），體驗一下美國海軍的玩樂休閒去處。這條街不僅有美日融合的酒吧、土產店、服飾店，還可以一口氣享用只有在橫須賀才能吃到的代表食物：「海軍漢堡」、「海軍咖哩」、「藍莓起司蛋糕」喔！

• 嚼勁十足的海軍漢堡

日本國民第一次有機會品嚐到「漢堡」，是在一九四〇年代後期，透過橫須賀的美軍傳入日本。二〇〇八年，美國海軍橫須賀基地將漢堡食譜公開給橫須賀市，從此「橫須賀海軍漢堡」就誕生了。

海軍漢堡店TSUNAMI，人氣非常高的漢堡店，總是大排長龍。火烤漢堡肉有一點微焦，麵包非常有嚼勁，分量充足，店內氣氛也很美式。

有別於一般的漢堡，美國海軍漢堡的特色是，使用油脂較低的牛肉，並強調百分之百的原汁原味，所以調味極其簡單，搭配生菜、洋蔥、番茄等配菜，口感像是麵包夾上BBQ烤肉的漢堡。

• 必備牛奶和生菜沙拉的海軍咖哩

日本明治初期，當時的軍隊因為食物攝取主要來自白米，缺乏蛋白質與維他命B1，導致很多軍人病死於「腳氣病」。後來海軍軍醫高木兼寬為解決營養不良的問題，參考了英國海軍的膳食：加了麵粉的咖哩飯。這道改良菜單意外地成功撲滅了腳氣病，而當時的咖哩飯食譜：明治四十一年的「海軍烹調術參考書」，就成為了橫須賀海軍咖哩的基礎。

不過，並非在橫須賀的咖哩就可以冠名為「橫須賀海軍咖哩」，除了基本的烹調方式必須遵守當年的「海軍烹

MISAKA CAFE的海軍咖哩餐

調術參考書」食譜外，原則上必須在橫須賀市內販售，並再現當時必備的沙拉和牛奶等配餐，才有資格取得海軍咖哩認可呦！

象徵美日友好的橫須賀藍莓起司蛋糕

因為有多達兩萬名美國人居住於美軍橫須賀基地，美方為表示美日友好，二〇〇九年將美國的人氣甜點「紐約起司蛋糕」食譜公開給日方，並加入象徵日本（櫻花＝Cherry）的藍莓果醬，成為橫須賀地區廣受好評的代表甜點。香濃綿密的起司蛋糕，配上清爽的藍莓果醬，每一口都很扎實！是簡單的好滋味。

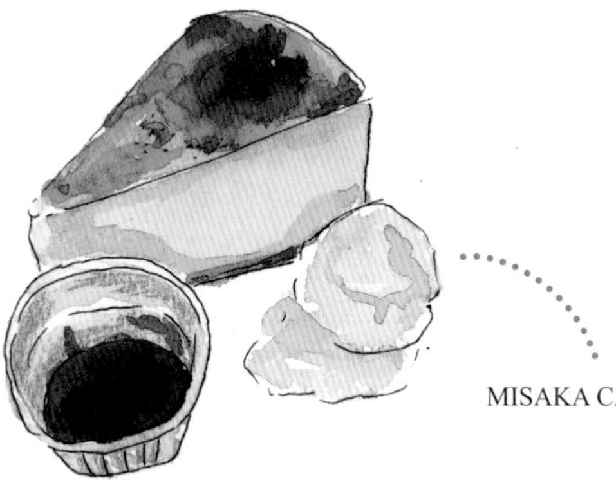

MISAKA CAFE的藍莓起司蛋糕

埼玉

秩父的B級美食

從東京的池袋，搭乘西武鐵道大約一個小時的車程，就可以到埼玉縣的「秩父」。這裡是一個可以遠離大都市，接近大自然好好放鬆的地方。

除了秩父神社和溫泉，搭電車再往北還可以到「長瀞溪谷」觀賞奇岩景觀「岩疊」；荒川對面的峻聳山壁，因為黑色片岩含有鐵質，酸化後呈現紅色，所以又被稱為「秩父赤壁」。

味噌馬鈴薯。甜甜的味噌醬淋在炸得外酥內軟的馬鈴薯上，外皮類似天婦羅的麵衣，真是一點都吃不膩。

秩父的「B級料理」（平價的大眾食物），又稱作「小昼飯（こぢゅうはん）」。據說是從前農家作為餐間零嘴的美食。B級料理的種類繁多，其中又以「味噌馬鈴薯」最廣為人知。

還有一個B級美食：「草鞋炸豬排丼（わらじカツ丼）」。為什麼叫做草鞋呢？因為這裡的豬排基本是兩大

在秩父車站美食街內也可以買到味噌馬鈴薯，四球馬鈴薯串成一串，口感較硬。

片一組，大小跟形狀都很像草鞋，所以叫做草鞋豬排。有趣的是，草鞋豬排使用的單位不是一「片」，而是「一足」（兩片）、「二足」（四片），成雙成對，如草鞋一般的計算方式喔！因為豬排很大一片，會整個蓋住下面的米飯，所以通常會先取出一片放在丼飯的蓋子上再食用。

另外，因為秩父屬於盆地，地質以小石子地為主，適合種植蕎麥；天氣溫差也比較大，加上境內的荒川擁有優良的水質，成就了秩父彈力十足的美味蕎麥麵。

蕎麥麵與草鞋豬排一次滿足！

東京

號稱東京後花園的奧多摩

從東京都心往西，大約一個半小時左右的車程，就可以抵達東京的世外桃源「奧多摩」。這裡是著名的登山、露營、賞楓勝地，如果不想在市區裡賞楓時人擠人，我認為奧多摩會是一個很棒的選擇。

奧多摩站周邊就很值得花點時間漫遊，在「冰川溪谷」欣賞飄落山間的紅色落葉、溪谷間朱紅色的「昭和橋」和兩旁的綠樹形成美麗的對比；耳聞小溪的潺潺流水聲，看著河岸上三三兩兩的釣客及露營帳篷，很難想像前一個半小時自己還在熙熙攘攘的新宿站。

從奧多摩站搭公車前往奧多摩湖。可以觀賞壯觀的

觀光案內所的阿姨推薦我這家「蕎麥太郎咖啡館」。位於奧多摩車站附近，與「冰川國際鱒魚釣魚場」是同一棟建築。撒上海苔炸粉的乾拌蕎麥麵，有著酥酥脆脆的口感和濃濃的海味。

水壩、寧靜的湖面，到了秋季時，往不遠處的「八方岩展望台」走去，登上一座小山丘，欣賞沿途的楓葉、眺望被紅葉包圍住的奧多摩湖。

步行了一整天，晚上回到奧多摩站的「MOEGI溫泉」（もえぎの湯）泡溫泉、用晚餐。據說這裡的泉水採用了日本最古老的地層湧泉。到了室外湯，可以一邊泡湯，一邊欣賞山間美景。

泡完湯後，學日本人喝杯冰涼的咖啡牛奶。

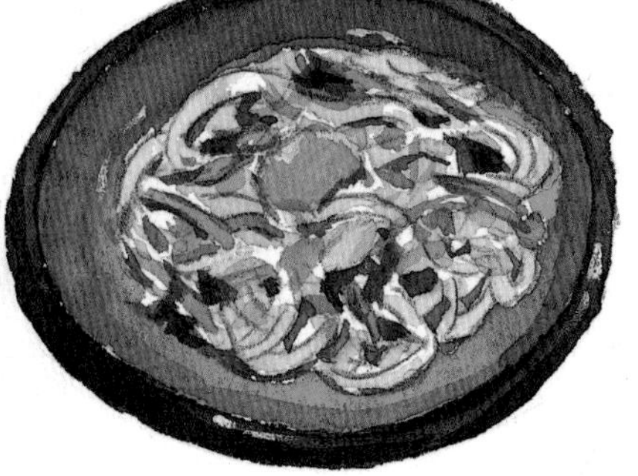

奧多摩的土產為芥末，芥末烏龍麵吃起來嗆辣過癮。

東北地區

因為喜歡雪，所以冬天時，我搭乘新幹線來到了東北旅遊，體驗了與我熟悉的大阪、東京截然不同的風土民情，並享受各地美食，透過插畫留下旅途的美好回憶。

青森弘前

到處都是蘋果的王國

十二月底的青森已經遍地都是積雪了，弘前城的護城河也結了冰，上面還有幾個神祕的腳印。電車經過的一大片蘋果樹園都被白雪覆蓋，僅露出一排排咖啡色的樹枝，不過蘋果派跟蘋果料理還是隨處可見。

到了晚上，弘前城護城河周邊會點上粉紅色的燈光，照亮積雪的櫻花樹，有種寒冬中開了櫻花的錯覺。

弘前車站前的郵筒。不僅是郵筒，車站裡和街道上也能看到許多蘋果裝置。

舊弘前市立圖書館。弘前市內有很多美麗的洋樓，這就是其中一棟。兩邊是八角形的木造雙塔，可以免費參觀。

弘前城附近有另一個著名的觀光景點：藤田記念庭園，裡面的「大正浪漫喫茶室」的蘋果咖哩飯、蘋果蛋糕、蘋果茶都非常美味。坐在充滿復古氣氛的喫茶室內，透過大片的玻璃窗觀賞庭園雪景，既可享受美食又能盡收美景。

秋田

冬天就成了黑白世界的角館武家屋敷

從青森弘前往南，我跟朋友一行人到了秋田的角館。角館因為境內有著腹地廣大的的「武家屋敷」（昔日武士家臣們住的居所），又稱「陸奧小京都」。角館武家屋敷大道兩旁種滿了粉色的枝垂櫻，所以到了春天，這裡也是著名的賞櫻景點。因為這次造訪時為冬天，武家屋敷人煙稀少，覆蓋在白雪下的老房子和兩旁黑色的圍牆，給人寧靜又神祕的感覺，很值得一逛。

山形

有如異世界的藏王樹冰

山形的藏王樹冰一直是我很想去的景點。為此我在

在武家屋敷大道的餐廳享用了秋田的鄉土料理：烤米棒。將煮熟的米飯包裹在杉木棒上，烤過後塗上味噌，Q彈有嚼勁。另外也有取出木棒，切成段投入火鍋的吃法。

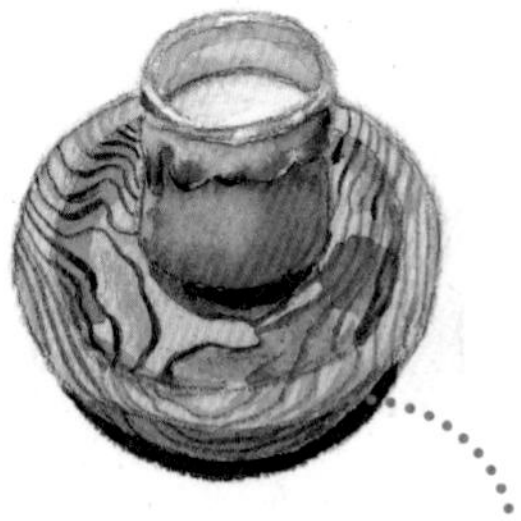

冬天的角館到了傍晚，一下子變得好冷，而取暖妙方之一：喝杯熱熱的甘酒。

下山前，我到藏王山頂站的食堂點了「芋煮蕎麥麵」，是醬油味的湯底配上彈性十足的蕎麥麵。配料有滿滿的里芋、大蔥、肉片。簡單的味道，非常好吃。

二月時安排了三天兩夜的山形之旅。藏王樹冰距離山行車站並不是很遠，搭乘巴士再乘纜車，一個小時左右就可以抵達。如果遇到強風，安全考量下，往山頂的纜車會停止運行，所以出發前得上網查清楚，或是詢問售票人員，免得遇到登不了山的窘境。

很不巧這幾天因為前陣子下了場大雨，原本堆積成「雪怪」的樹冰都瘦身了，而且氣溫突然升高，很多樹冰也開始融化。賣票員貼心地問我這樣會不會介意呢？我心想都特地來了，還是去看一眼吧！

可能是樹冰瘦身的影響，感覺專門來觀賞樹冰的觀光客稀稀落落，反倒是滑雪客絡繹不絕。纜車裡也都是抱著滑雪板、全副武裝的日本滑雪客。

搭乘纜車登頂時，雖然映入眼簾的樹冰不像宣傳照片裡一樣白白胖胖，融雪後的松樹從積雪中探出深褐色的樹枝，呈現出銀黑色的山景。沒了「雪怪」，一大片灰灰白白的樹林也足夠令人震撼。不知道是疫情的關係，還是大家也看呆了，在纜車上的乘客們都非常安靜，不發一語，只聽得到吹動樹林與纜車的風聲，好像置身於電影場景一般。

到了「藏王山頂站」，早上起了大霧，看不清遠方的道路，只有一片白。
直到下午霧氣散去，眼前的樹冰才終於有了較為清晰的輪廓。

山形

松尾芭蕉也讚詠的山寺

從山形站搭乘電車約二十分鐘後，再步行約十分鐘可以抵達山寺登山口。一下電車，眼前是一座小山，這時還飄起了細細的雪花，顯得格外幽靜。山寺依山而建，從登山口到最深處的奧之院，步行時間表定為一小時，需要爬一千零五十階階梯。我前往山寺的時候，因為一路上尚有積雪，所以盡量放慢腳步以策安全，不然在積雪中爬階梯可是非常容易滑倒的。

山寺境內的「開山堂」往右走可以抵達「五大堂」，從舞台造型的五大堂遠眺，可以將山下美景盡收眼底，天氣好的時候還能看到另一頭遠遠的山景呢！

離開山寺後，到附近的餐廳「手打蕎麥麵 美登屋（みとや）」享用熱呼呼的拉麵。清澈的雞骨湯底、富有嚼勁的Q彈拉麵，分量也很令人滿意。從店內往窗外還可以望見河岸對面，有個巨大的鍋子，原來是山形的人氣活動「煮芋大會」中，已經隱退的「二代目鍋太郎」。

圓蒟蒻（玉こんにゃく）也是山形的鄉土美食之一。日本的蒟蒻大多為平板狀或細絲狀，圓形的蒟蒻發源於山形。用醬油煮入味後，沾上黃芥末，用竹籤串起來吃很方便。

山寺的魅力在於一路上的美景和建築物：高大的杉木林間不斷飄落綿綿白雪；沿途還有坐落的地藏、石碑；開山堂左側岩石上的紅色小堂，是寺內最古老的建築物，並藏有耗時四年撰寫的法華經。

福島

保存完好的大內宿

位於福島南會津的大內宿，江戶時代是東北人通往東京、日光等地的重要驛站之一。因為後來建立了鐵路，導致大內宿失去了原本驛站的功能，進而轉型成現在的餐飲、商店、旅館並存的觀光景點。

這些擁有四百年歷史的茅草屋，整齊地排成左右兩排，且被保存地非常完整。走在大內宿的街道中，很像置身於童話故事場景。十二月的冬天，茅草屋頂上積了厚厚的一層白雪，中午時因為陽光照射而開始融雪，雪水從屋簷滴滴答答地流下，讓地面變得更加濕滑難行。還記得當天下午，突然天候驟變，颳起了一陣大風雪，我與友人撐起雨傘，往下山的巴士站附近的小車庫躲去，雖然凍得全身發抖，也算體驗到了風雪紛飛的大內宿美景了。

栃餅（とちもち），帶有種獨特苦味的茶色麻糬，我覺得非常好吃，有機會很想再吃一次！

大內宿有很多蕎麥麵餐廳，室內多為傳統的榻榻米地板，我與友人一邊吃著熱騰騰的蕎麥麵，一邊望著窗外的雪景聊天。

大蔥蕎麥麵。大內宿的名物之一，以一根長長的大蔥當筷子撈蕎麥麵吃。這新鮮的吃法很值得一試，只是生吃大蔥對我來說真的太辣了，整口大蔥味，辣得吃不出蕎麥麵的味道，吃了三分之一段就放棄，剩下的蕎麥麵改用筷子吃。

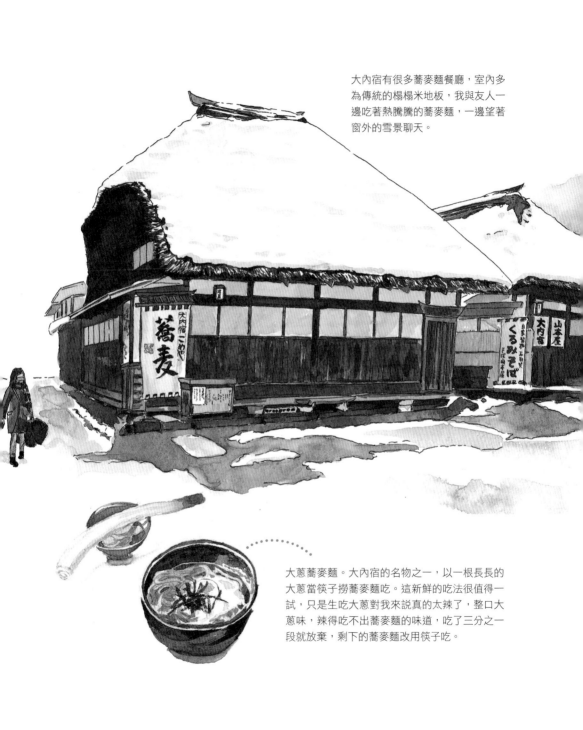

宮城

日本三景之一的松島灣

松島灣位於宮城縣東邊的海岸，有日本三景之一的美稱。松島由兩百六十個大大小小的群島組成，可以搭乘遊覽船近距離觀看這特殊的景觀。這次我主要造訪了「五大堂」與「福浦島」。剛好幸運地遇上晴空萬里的好天氣，登上福浦島後，可以在「見晴台」遠眺周圍各種奇形怪狀的群島，不禁佩服大自然的奧妙。

我造訪時是二月，剛好是當地名產「松島牡蠣」的盛產期。超人氣的現烤牡蠣吃到飽餐廳「松島魚市場別館：牡蠣小屋」，傳出令人垂涎三尺的烤牡蠣香味。除了吃到飽，牡蠣小屋也有提供定食套餐，但因為新冠肺炎疫情暫時中止供應，

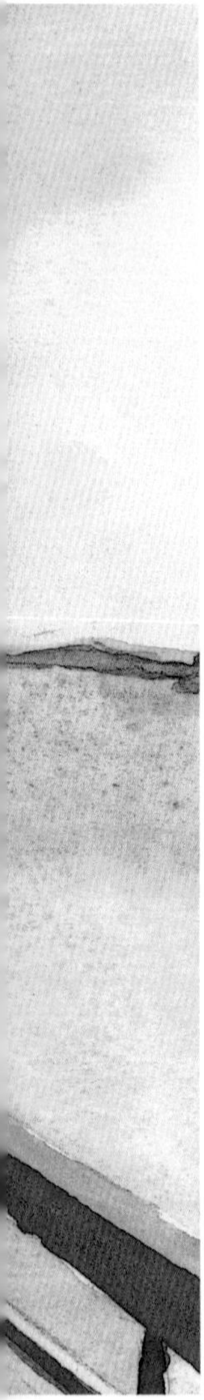

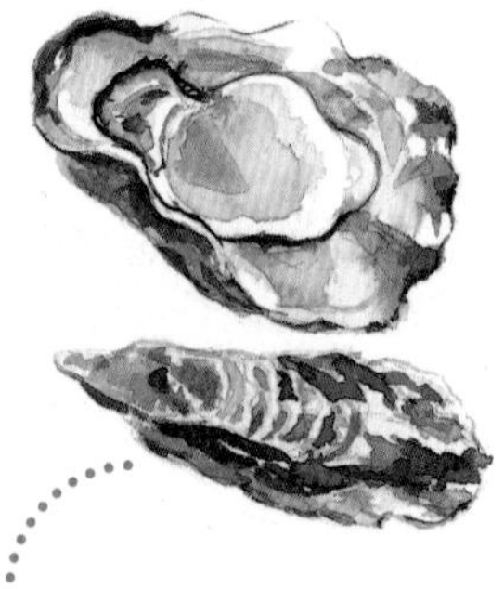

松島的牡蠣與廣島牡蠣齊名，松島牡蠣略小、呈現光澤的乳白色，產季為十月到三月。我偶然在五大堂附近發現了現烤牡蠣小攤販，一大盤只要日幣一千圓，就坐在戶外一邊享受鮮甜飽滿的烤牡蠣、一邊遠眺松島灣的美景。

通往福浦島的紅色福浦橋。是台灣在三一一大地震後捐款協助修整而成，因此在橋頭還有「日本台灣友情之橋」的告示牌呢！這座橋全長二五二公尺，很適合慢慢散步，一邊觀賞海岸景色。

二〇二一年還在疫情的影響下，松島魚市場的招牌鮪魚模型也戴上了口罩。

海鮮丼的選擇非常豐富，簡直眼花撩亂。抵達時，限量的人氣菜單已經全數售完。最後我決定吃鮪魚三色丼。在一樓購買餐券後，等候叫號取餐，用餐區為二樓。另外還有握壽司、牡蠣漢堡、拉麵等可以選擇。

僅可選擇吃到飽方案。看著小屋裡坐滿了一組一組的旅客，突然覺得一個人有點突兀，就改選擇隔壁的「松島魚市場」，享受新鮮的海鮮丼。

宮城

仙台站快閃吃牛舌

雖然日本各地都吃的到牛舌，但我一直想去一趟仙台，吃道地的牛舌大餐。所以搭乘新幹線經過仙台站時，就有理由駐足，好好感受仙台牛舌的魅力。

仙台車站是東北重要的交通樞紐，即使是平日，旅客也非常多。站內還有一個在地美食街，分成三大區：「牛舌街」、「壽司街」、「毛豆泥街」。我到訪時剛好遇到大學入學考試，整個美食街擠滿了學生與他們的家長、朋友，好不熱鬧。

晚餐時段各家牛舌店都大排長龍，最後我選了這家善治郎（たんや善治郎），據說目前只有在仙台才吃得到。都特地來了，就點了人氣的「上選極厚牛舌定食」，撲鼻而來炭火燒烤的香味，每一口都厚實飽滿、嚼勁十足。

北陸地區

新潟

日本海美食之旅，好吃的不只是米飯

從東京搭乘新幹線，大約兩小時即可以抵達新潟。我造訪時已經來到楓葉季的尾聲，大部分景點只剩下枯枝落葉。還好觀光案內所的職員向我推薦了「舊齋藤家別邸」，是此時楓葉正紅的景點之一。在此可以靜靜地坐在榻榻米大廳裡，觀賞長廊外美麗的庭園造景和遲來的晚楓。

在市區內隨意地散步，經過新潟市的地標之一：萬代橋。萬代橋橫跨信濃川，自古以來就是支撐著新潟市發展的重要交通樞紐，到了晚上可以登

新潟才有的竹葉糰子（笹だんご）。綠色艾草麻糬，內包紅豆餡料（也有豆沙、地瓜、毛豆等各種口味），最後再以細竹葉包覆、草繩固定後蒸熟。可以直接食用或加熱吃，竹葉的香味滲透至麻糬裡，香氣十足！

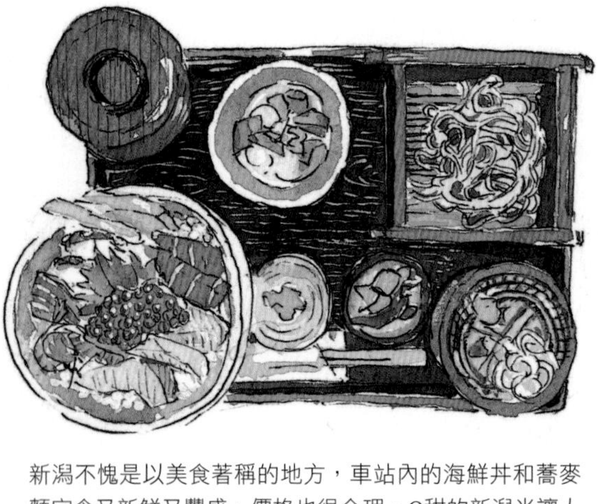

新潟不愧是以美食著稱的地方，車站內的海鮮丼和蕎麥麵定食又新鮮又豐盛，價格也很合理。Q甜的新潟米讓人一口接一口。

上新潟日報大樓，眺望萬代橋一帶的夜景。市區內還有一條長長的「本町商店街」可逛，在這裡能買到當地特色名產「竹葉糰子」等等。

新潟

佐渡島，日本第二大離島

佐渡島位於新潟縣西邊的日本海上，需要搭乘佐渡汽船才能登島。我在新潟觀光案內所買了套票，因往來的航班數不多，決定停留一晚，來個兩天一夜的小旅行。

乘船時間單程約兩個半小時，一上船，不少日本旅客紛紛跑到臥鋪去占位子，直接倒頭就睡，我則是先到甲板上看看海上風景、吹吹微冷的海風，到船內附設的店鋪買東西吃。船艙販售的食物應有盡有，有炸雞、拉麵、牛奶霜淇淋等等，甚至有遊樂間，一點都不怕無聊。

佐渡島呈現工字型，大部分的地形為山地，大眾交通運輸僅有公車可以利用。平日的公車班次不多，如果玩得忘記時間，可能會錯過最後一班回程公車，令人心驚膽顫。

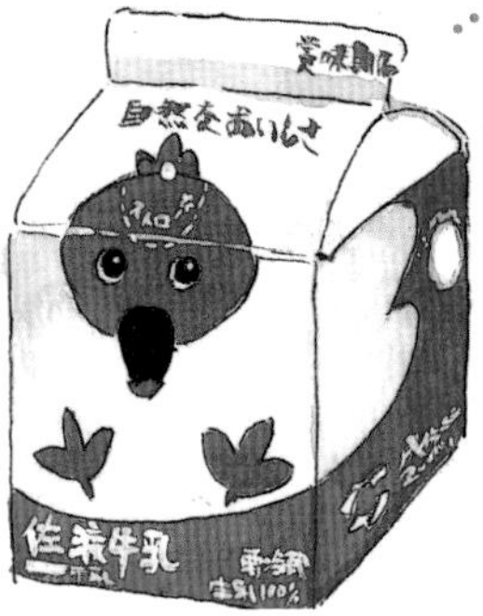

從登上佐渡汽船，到佐渡島上都不難見到這可愛的牛奶罐。

利用空檔手繪的旅遊明信片。

「佐渡金山」位於佐渡島的西邊，曾經為日本最大的金銀山，有長達近四百年的採礦歷史。雖然現在礦場已因資源耗竭而停止運作，但依然留下很多值得觀光的遺跡。例如明治三十二年（西元一八九九年）為採金礦而開發的礦坑：「道遊坑」。深入黑暗又陰冷的隧道，直搗因挖礦而被劈成兩半的金山正下方（道遊之割戶），感受一下當年的黃金盛世。

錯過了最後一班公車，我從佐渡金山緩緩往山下走，一路上經過不少採礦廢墟、史蹟，也是意外的收穫。

這趟海島之旅最期待的景點就是

「北澤浮游選礦場遺址」。映入眼簾的是一座超大規模的廢墟工廠，工廠前方還有一個圓形的建築物，因荒廢已久，不僅鋼筋水泥外露，多處都被綠色植披恣意地攀爬包覆。

晚上我住在面海的日式溫泉旅館「道遊」。與其說是旅館，因為是家庭式經營，充滿了民宿給人溫馨親切的感覺。適逢平日，投宿的旅客不多，所以晚上我在大浴場享受包場的溫泉浴，泡澡完後喝杯熱騰騰的柿子葉茶，感覺舒暢無比。

隔日清晨，我起了個大早，步行到海邊欣賞早上的日本海。用過早餐後，旅館主人貼心地提供接送服務（至較近的巴士站），讓我能在海邊觀賞「千疊敷」地形與「大間港」採礦遺跡後再離開，前往下一個景點。

瀕臨絕種的佐渡市鳥朱鷺（トキ）

離開民宿後，我到了「朱鷺之森公園」，是民宿主人推薦的觀光景點。朱鷺曾經是非常常見的鳥類，但明治時期，因農作物長期被數量過多的朱鷺所害，農民開始大量獵捕朱鷺。也因為環境影響，朱鷺漸漸在日本消失，導致日本本土的朱鷺宣告絕種。（日本最後一隻朱鷺「阿金」的標本被完整地保存在「朱鷺之森公園」裡）。後來日本致力於繁殖朱鷺，透過國際合作，成功進行人工飼養，才讓我們可以在「朱鷺之森公園」看到珍貴的可愛朱鷺。

公園入口不遠處的朱鷺造型郵筒。

這趟新潟之旅，除了觀光景點外，也體驗了不少當地的食物。

離開佐渡時，在佐渡兩津港的餐廳享用了這碗海苔拉麵。

同場加映1

往新潟途中，停留「GALA湯澤站」，品嚐了新潟的庶民美食之一：新潟醬汁豬排（タレかつ）定食。甜甜微辣的醬汁淋在炸得酥酥脆脆的豬排上、粒粒分明的米飯，讓人一口接一口。

同場加映2

這是在東京吃的新潟醬汁豬排丼，除了豬排還有炸蝦和炸蔬菜。

中國地區

岡山

看不膩的倉敷美觀

位於岡山縣的倉敷美觀地區，至今仍保留著江戶時代的白壁建築與街道，擁有獨特的歷史景觀。白天的倉敷，觀光客絡繹不絕，充滿了活潑熱鬧的生氣；到了夕陽西下時，建築物和地面會被斜陽染成橘紅色，人潮也漸漸散去；晚上月亮升起，路上的行人更少了。月光、路燈、從建築物的窗戶透出來的室內燈，讓這條古街變得浪漫又寂靜。日夜的差異形成巨大的對比。我想這是為什麼我二訪倉敷，卻依然覺得新鮮有趣的原因吧！

岡山鄉土料理之一：醬汁豬排丼。通常會在米飯上鋪一層生高麗菜絲，再放上炸豬排，最後淋上滿滿的日式牛排醬汁。番茄口味的醬汁，有點像台灣早餐店裡義大利麵醬的味道。

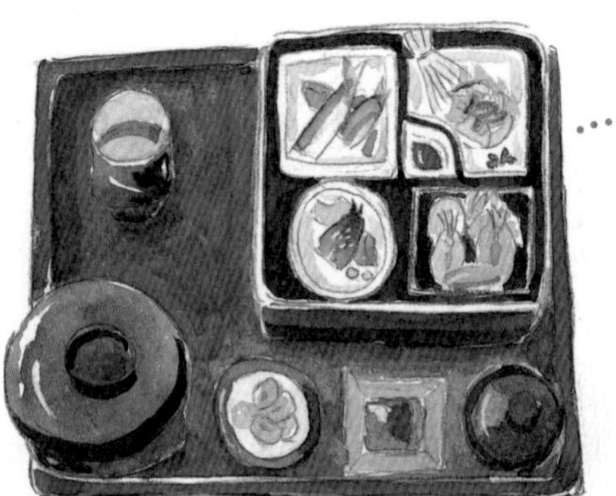

面對河岸的餐廳「カモ井」（kamoi），是美觀地區的白壁建築之一，店內的裝潢和座位也很傳統復古。「壽南小沙丁魚（ままかり）」料理，是岡山地區的鄉土料理之一，這套定食可以一次吃到各種烹飪方式的壽南小沙丁魚。

漫步於倉敷美觀，除了歷史建築和美術館，還可以逛逛岡山的丹寧飾品店、採買紙膠帶和可愛的小文具、品嚐岡山水果製成的名產、吉備丸子。

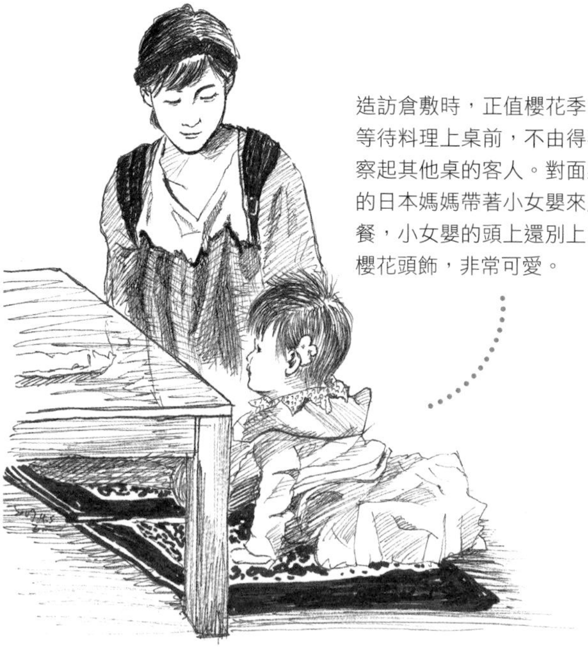

造訪倉敷時，正值櫻花季，等待料理上桌前，不由得觀察起其他桌的客人。對面桌的日本媽媽帶著小女嬰來用餐，小女嬰的頭上還別上了櫻花頭飾，非常可愛。

倉敷常春藤廣場一隅。開闊的腹地、綠意盎然的植物、西洋式建築，很適合找個角落坐下來發呆。

四國地區

香川縣 橄欖之島小豆島

因工作的關係，我去香川縣的小豆島待了兩天一夜。天還沒亮就從神戶港出發，搭乘汽船行駛在瀨戶內海上，海水很清澈，還可以看見水面上漂浮著透明偏白的水母。

小豆島上盛產橄欖油和醬油，在島上可以看到不少醬油工廠、橄欖園。而橄欖油相關的產品可說是五花八門，除了食用油和保養品外，還有綠色的橄欖油素麵、橄欖蘇打飲料等等。

正值梅雨季期間，島上的天氣幾乎都是細雨綿綿，偶爾才會透出一點陽光。濕濕的空氣和灰白色的天空，還得撐著雨傘，當下多少覺得有點失望，但現在回想起來，籠罩在白色濕氣裡的小豆島，朦朦朧朧的，其實也別有一番味道。

綠色的橄欖油素麵，在悶熱的梅雨季吃起來相當清爽。

短暫地停留小豆島，參觀了不少印象深刻的景點：橫跨世界最窄小的海峽「土渕海峽」，幾步就可以從小豆島移動到另一個島嶼「前島」；看準退潮時間就能漫步海中的「天使之路」、滿滿的文藝氣息又復古的「二十四瞳映畫村」（二十四瞳電影村）等等。希望下次有機會再訪此地，能騎著腳踏車漫遊，吹吹溫暖的海風，參觀結實累累的橄欖園。

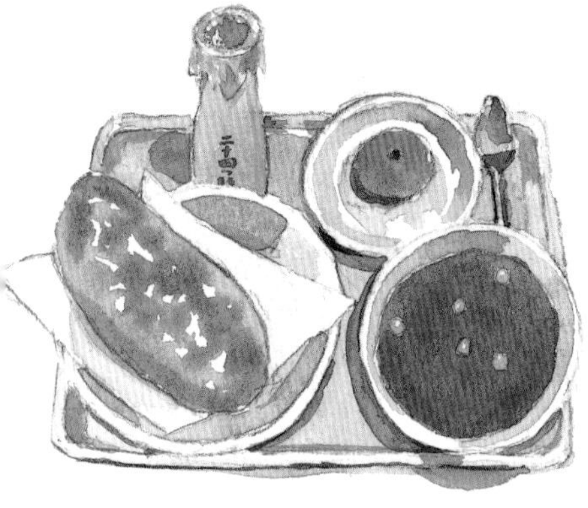

在二十四瞳映畫村內的餐廳，可以體驗日本的古早味學校午餐（日文：給食），鋁製餐具裡盛著麵包、咖哩湯、橘子，還有一瓶牛奶。雖然台灣的營養午餐不太會以麵包當主食，但因為鋁製餐具的關係，讓人回想到小時候吃營養午餐的回憶。

陰天的天使之路，退潮時，海面上會露出沙灘，清澈的海水看起來十分透涼。

第7章

日本生活大小事

早餐怎麼辦

在日本，並沒有早餐店的文化，大部分的日本人會在家裡用早餐，或是上班途中去便利商店買個麵包或飯糰，要不然就是去咖啡廳或速食店。在台灣常見買早餐帶去辦公司享用的情景，我在日本也很少見到。

日本的早餐又分成以白飯、納豆、烤魚、味噌湯為主的「米飯派」；以及西式的吐司、麵包、三明治等等的「麵包派」。據調查，以麵包作為早餐的日本人，比例略高於

假日的早晨，烤個火腿夾心三明治，悠閒地享受美好的晨曦。

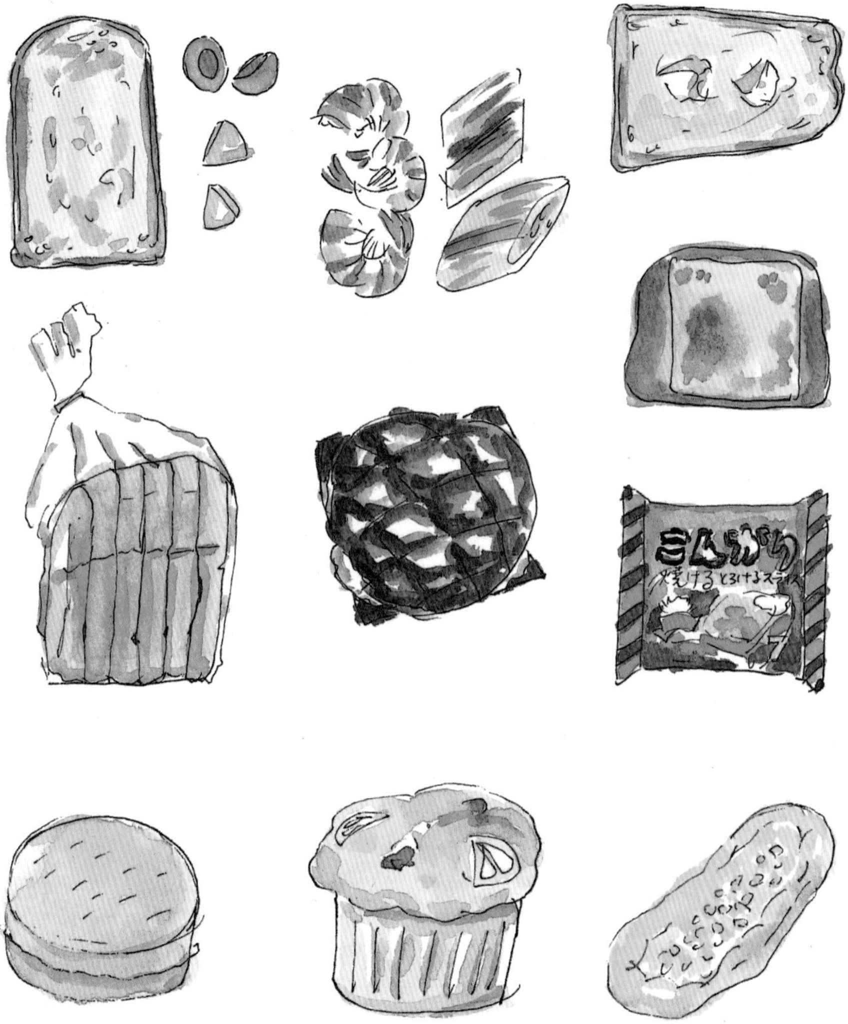

早餐塗鴉。吐司和超商麵包是我最常購買的早餐。

選擇米飯的人。如果在家吃早餐，我也是以麵包為主。除了麵包店，超市販售的麵包也有很多選擇，不光如此，果醬的種類和吐司專用的醬料更是琳瑯滿目。

日本的吐司

吐司是節省餐費的要角之一，在超市，吐司通常分為家庭號（半條土司大小）、二至三片的小包裝販售。家庭號的吐司還會再依照厚度，分成四切、五切、六切、八切（切越多片，每一片越薄）。

關西跟關東，在吐司厚度的喜好上有所差異，我是來到東京才第一次注意到八切的包裝，據統計調查，關東地區的主流是六切，關西則是五切。據說原因是關西人為「麵粉文化」，偏好如大阪燒那樣札實的Q勁口感；關東因為是煎餅文化，較喜歡薄片脆硬的感覺，所以甚至還有十切包裝的吐司。

喜歡的食物

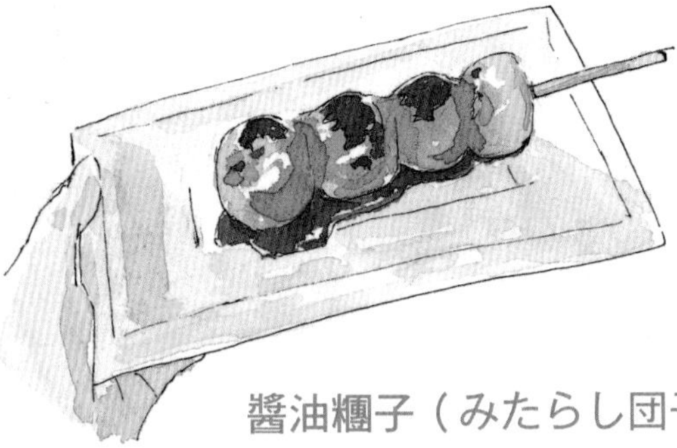

醬油糰子（みたらし団子）

彈牙的日式麻糬上裹著一層甜甜的醬油味醬汁，剛烤好時有點微焦又溫溫的最好吃。造訪老街或觀光地的時候特別想嚐一支。

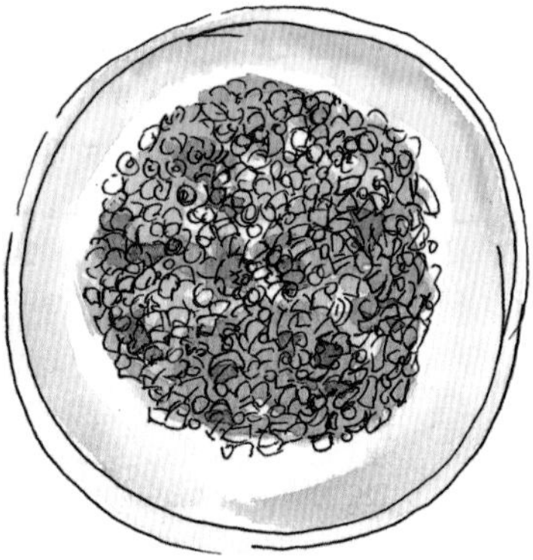

和歌山拉麵

和歌山拉麵的特色為豚骨醬油味，而且店家還會販售壽司作為配菜！這家「和歌山拉麵Marui」的特色為滿滿的青蔥，意外地卻一點都不嗆辣，味道很溫和呢！

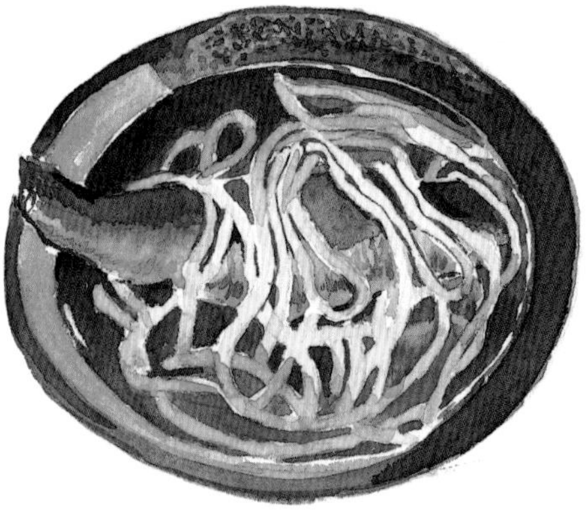

鯡魚蕎麥麵（にしんそば）

京都的在地料理之一，溫熱的蕎麥麵配上甘露煮製的鯡魚，在京都很多老舖都可以吃得到。

餺飥（ほうとう）

去河口湖或山梨縣會特別想吃這道鄉土料理。「餺飥」是像刀削麵的麵條，奈良時期從中國傳入，到後來演變成類似扁平版本的烏龍麵。麵身非常有嚼勁，以蔬菜與味噌作為湯頭基底。
名店「不動」的餺飥有濃濃的南瓜甜味，而且超級大碗，我一個人絕對吃不完。

炸雞定食（唐揚げ定食）

炸雞專門店的定食通常都不太會踩到地雷。另外，我在打工度假的那一年，特別喜歡吃外帶便當店的炸雞便當，體驗一下在日本「買便當」的感覺。日本甚至有「炸雞協會」，每年舉辦各個種類的炸雞票選活動。如果純粹想吃日式炸雞，便利商店的「炸雞棒」水準也不差。

咖哩烏龍麵（カレーうどん）

不僅僅是咖哩的味道，湯底還吃得出鰹魚高湯的香味。如果配上酥脆的炸蝦就是完美的一餐。推薦位於大阪的「四國屋」烏龍麵、東京巢鴨的「古奈屋」。

天婦羅定食（天ぷら定食）

好吃的天婦羅可說是可遇不可求。厲害的天婦羅，麵衣酥脆卻不油膩，即使冷掉了也不會產生油味；金黃麵衣下依然保持食材本身的原味，鮮嫩多汁，不會過熟、過硬。火候、麵衣、食材的掌握，非常考驗廚師的功力，因此天婦羅的價差也非常大，從平價連鎖店到高級料理店的價位都有。

百圓迴轉壽司

來日本前，還沒有日本品牌的百圓迴轉壽司店進駐台灣。打工度假時，跟室友一起去住家附近的百圓壽司店初體驗，很驚嘆壽司選擇非常多樣，生魚片的分量也比想像中的大。除了壽司，還有炸物、甜點、飲料、麵類等等可以選擇，甚至還能轉扭蛋。對那時候的我來說，真的是開了眼界。所以一有想吃壽司的念頭，就會一個人跑去吃個幾盤。

親子丼

以前去日本觀光時一定會吃的料理，不過自從自己做過幾次親子丼後，發現真的很簡單。所以除了名店，就不太在外面點親子丼了。

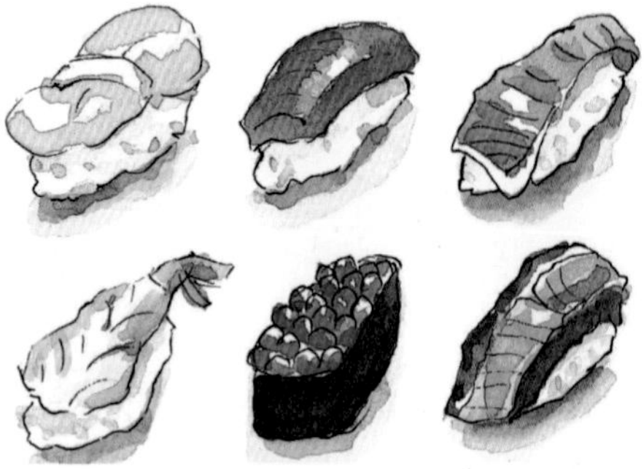

其他壽司店

我最喜歡的壽司口味（ネタ）為干貝、鮭魚、鮪魚、蝦子、海膽。如果遇到選擇困難，也可以嘗試由師傅推薦的組合套餐：「おまかせ寿司」（不是每一家壽司店都有）。

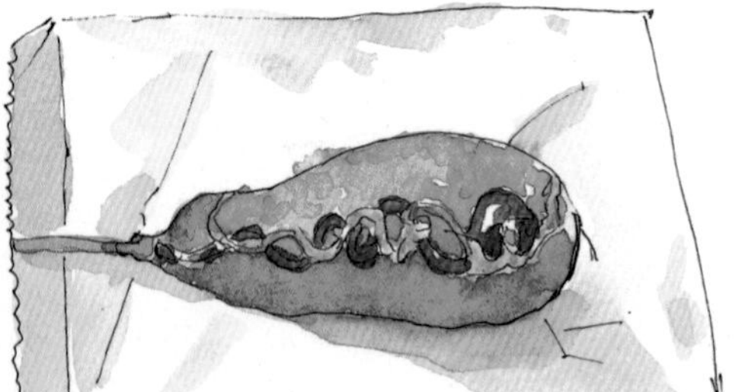

便利商店的美式熱狗

每次在便利商店櫃台結帳時，目光都會被這金黃外皮的美式熱狗所吸引。其中我最喜歡7-11的熱狗醬。

印度／尼泊爾料理

來到日本很常吃饢（ナン），是一種「印度風烤餅」。從大阪搬到東京，發現東京的「印度餐廳」數量相當多，而大部分是尼泊爾人開的店。饢料理在日本很受歡迎，而且在超市也買得到冷藏的餅皮，我就常常配蜂蜜當早餐。

壽喜燒

壽喜燒在日本家庭中，屬於「非日常料理」，因為壽喜燒用的牛肉價格較貴，通常在重要的日子或是慶祝時享用。我曾經在神戶吃過神戶牛壽喜燒，那牛肉滑嫩的口感至今難以忘懷，入口即化，令人驚艷。

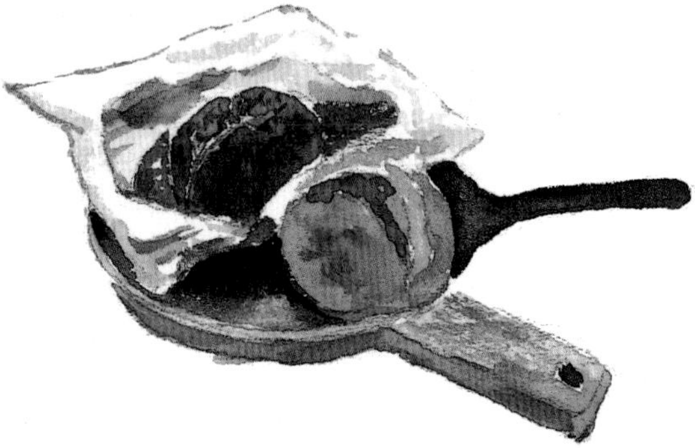

日式漢堡排

日本發展出的獨特洋食之一。作法也相當簡單，是日本經典的家常料理，只要有絞肉、麵包粉、洋蔥、牛奶、雞蛋等基本材料就搞定。

日本的速食店

我很喜歡吃日式料理，不過偶爾也會突然很想換換口味吃速食。雖然是台灣常見的連鎖店，我會挑選在台灣吃不到的季節限定菜單，或是日本朋友推薦的口味來嚐嚐。

麥當勞蒜味蝦子堡。日本的麥當勞，點薯條不會附番茄醬，飲料也比較小杯。早餐時段的楓糖鬆餅漢堡是我的最愛。

肯德基炸雞條BOX。日本肯德基的炸雞，口感與台灣的差異頗大，也沒有販售蛋撻。

摩斯漢堡的鮮蔬堡及起司蛋糕。用生菜取代漢堡麵包，感覺不那麼罪惡。起司蛋糕非常濃厚。

文化觀察：男女有別

生活在日本五年，親身感受了許多「有趣」的「男女有別」的現象。

日本職場中，管理層男性的比例很高，超過半數的勞動女性為「非正規勞動者」，如打工、派遣員工、契約社員等等非「正社員」的身分。這也進一步影響日本男女的年薪差異：二〇一九年底的統計結果顯示，日本女性的平均收入僅為男性的七四・三％。二〇二一年日本男女同酬日為五月六日（即女性要賺到與男性相同的年薪，必須要多工作到隔年的五月六日）。

實際上，通勤時段擠電車的，的確大多是穿西裝的日本大叔；我去客戶方提案時，面對的管理層幾乎也都是男性。

還有一個我自己的觀察，逛書店時，發現日本的雜誌區通常會被劃分成兩側：一側為美容流行、料理、家事、手工藝為主的「女性區」；另一側是被命名為「男性誌」區域，包含財經、運動、理財、鐵道、高爾夫等等。我對兩側的主題都有興趣，所以都會去逛逛，但「男性誌」那一側幾乎不會有女性出沒；反之亦然。我不知道究竟是日本男女真的是對「另一個性別的主題書籍」完全沒有興趣，還是礙於各區的命名，而不好意思逗留呢？

特別的體驗

訂外送壽司

來到日本，一直很想體驗看看日劇中常常出現的情景：外送壽司。在家裡就能享受新鮮的壽司，連容器都很講究，用餐完後不需清洗，店家還會親自到府回收，實在很神奇。某天因為朋友提議，就一起湊滿外送門檻，滿心期待地等待我們的午餐到來。

外送壽司就是與外食的感覺很不一樣，有點類似收到包裹的那種喜悅。壽司也比想像中好吃又新鮮。對當時還是打工族的我們來說，一盤壽司是有點奢侈的消費，不過偶爾犒賞一下平日辛苦工作的自己，每一口都好像變得更加甘甜美味。

料理教室

大阪和東京都有很多料理教室，為了吸引學員報名上課，往往會推出體驗課程。我曾經體驗過三次這樣的課程，分別是漢堡排定食、香草瑞士捲、維尼熊南瓜餡麵包。一同上課的同學幾乎都是年輕的日本女性，有些人是為了興趣，也有些是為了婚後的家庭生活，想開始學習做菜。課程的進行方式分為兩人一組或獨自完成。料理完成後可以一起用餐、交流、填寫問卷，最後也能帶食譜回家。

上了這堂漢堡排課後，掌握了製作漢堡排的訣竅：如拍打肉泥需至牽絲的程度、用戳洞的方式確認漢堡肉是否已熟等等。

くまのプーさん
はちみつパンプキンパン
材料
1.
2
手揉麵團
3
加入南瓜泥
捏出形狀
4
發酵後、烤一烤
5 試吃時間
好吃ㄛ
6
帶回家
這是
五官
完成

維尼熊南瓜餡麵包。因為我不太熟悉如何擀麵糰，笨手笨腳的，最後幾乎都是老師完成。

邊工作邊準備考試

日本是一個很重視證照的社會。履歷上若多了相關證照，有助於書面審查之外，某些產業的員工也會被公司要求盡量考取證照；福利好一點的公司，還會補助考試報名費，甚至加薪，也就是所謂的「資格補助」（日文：資格手当）。

來到日本，以往台灣的學歷和經歷不一定會被認同或理解，讓我深感一張日本語檢定N1的資格並不足夠。為了增加找工作的競爭力，以及就業後的語言能力，我先後報考了「商業日本語測驗」、「多益」。

無論是打工度假還是後來的上班族生活，一邊上班、一邊念書準備考試都不是一件輕鬆的事。特別是打工度假期間，每次回到家就累得直接躺在床上不想動。因為我有寫日記的習慣，有時候甚至寫著寫著，竟趴在桌上睡著了。不過時間是擠出來的，我會利用化妝、吃早餐、走路、搭電車的空檔背單字、練習文法。有時候想轉換心情，就選擇輕鬆一點的學習方式，看看日劇或美國影集練習聽力。

後來我還報考了「ＦＰ三級資格」（FP：Financial Planner，關於日本的稅金、年金、金融商品、不動產等的基礎知識），最初是因為取得這項資格可以加薪。後來卻也念出了興趣，發現可以搞懂稅金、年金的計算方法、不動產買賣上的規則等等，非常生活化，不但自己受用，也可以幫助身邊的朋友們（特別是日本人）了解生活理財上的基本知識，很有成就感呢！

反觀我來日本工作前，自大學畢業後，每天忙於工作，下班後就追劇、看電影、聚餐。除了學畫畫之外，幾乎沒有想過要利用這段時間去考證照，再進修。或許是來到日本後，確實地感受到討生活的「迫切感」，雖然說是「被環境所逼」，受惠最大的其實還是自己。

當然充實自我的方式不僅限於考證照；日本重視資格證照的社會風氣，也不能說是沒有缺點的。但我覺得能夠利用這個環境，有系統地學習一項知識、制定明確的目標（包含時間和成果），並且能在努力的過程中，看到自己慢慢地進步，自信跟著建立起來，也未嘗不是一件好事呢？

人物觀察速寫

一個人搭電車、用餐、旅遊的時候，我會默默地觀察對面的乘客、身旁的旅客們，想像他們現在在想些什麼、等一下要去哪裡、要做什麼事、彼此之間是什麼樣的關係。因為是陌生人，畫得不像也不會穿幫，我覺得是個練習畫人物的好方法。因為不在意畫得像不像，所以也就不太會打草稿，隨興地用代針筆勾勒線條。

電車上的人們

假日帶女兒出遊的爸爸

假日電車上的大叔

學芭蕾舞的小女孩

準備去某處旅遊的母女

戴口罩的情侶

餐廳裡的客人、廚師

速食店內的女學生

調理中的主廚

餐桌對面的上班族男女

京都御苑的外國觀光客

京都街上的少年們

小寶寶的第一個秋天

在公園玩沙堡的小女孩

二〇二〇年的「緊急事態宣言」

二〇一九年年底，新型冠狀病毒（COVID-19）爆發，日本政府到了二〇二〇年四月左右，開始有了較大動作的防疫措施。呼籲民眾減少外出、公眾設施暫停營業的首次「緊急事態宣言」，是從四月七日到五月二十五日為止。雖然日本政府在「緊急事態宣言」下，並沒有強制民眾一定要關在家裡或是取消活動，但這一個多月的「自肅」生活，的確讓日常生活有了重大的改變。

部分每天得去公司上班、擠電車的上班族，終於可以在家遠端工作了。我的室友們也幾乎都待在家裡，那種感覺很奇妙，平日到廚房煮飯時，會遇到幾個室友在餐桌前使用筆記型電腦上班，只有買食材或生活用品才會外出。有時讓我覺得很像在抵禦什麼外敵一樣，share house彷彿是一座堡壘，出了堡壘回到家就得立刻洗手、消毒。

住家附近的巢鴨商店街，每天照三餐播放緊急宣言廣播，那中年女子的慢速呼籲聲，迴盪在人煙稀少的冷清商店街裡，不知道為什麼好像時光停止了一樣。以前常見到拿著相機、背著背包的觀光客，熱熱鬧鬧地擠在藥妝店掃貨的光景，彷彿是好久好久以前的事了。

因為餐飲店和百貨公司相繼暫停營業，新宿、涉谷等鬧區，也在這段期間成了空城一般。涉谷著名的十字路口幾乎無人通行，排隊名店內的客人也寥寥無幾。唯獨維繫人民日常生活所需的超市和便利商店照常營業，特別是超市，反而每天都擠得水洩不通。

在各都道府縣疫情大幅控制下來後，結束了為期一個多月的緊急事態宣言。百貨業和商店街、餐飲業、公眾設施開始陸續正常運作，不過大多數都縮短了營業時間。部分上班族也恢復了通勤，大多數的大公司和ＩＴ相關企業則繼續實行在家上班。

疫情的影響，讓這短短的幾個月改變了日本人的生活習慣。

幾乎所有的店家，櫃台會以透明的塑膠布隔離店員與客人。以前會輕握你的手找錢的店員，現在會把零錢放在小盒子裡讓客人自己拿取。以往習慣現金消費的日本人，開始使用信用卡或電子支付，能不要碰到現金就盡量避免的人越來越多。

有趣的現象：繽紛時尚的布口罩

起初我一直買不到口罩，所以台灣限制口罩出口時，我請爸爸從台灣寄布口罩給我。因為日本沒有騎機車的習慣，市面上的口罩大多是一次性的醫療口罩和防花粉、保濕口罩，外觀清一色為白色。日本室友還跟我說，日本最早期只有紗布口罩呢！（就是安倍口罩那種）。台灣因為機車文化，不但有各式各樣的布口罩，而且花色也很豐富。當時我跟其他台灣同事戴著家人寄來的布口罩時，日本人幾乎都會好奇地多看幾眼，這才意識到日本幾乎沒有布口罩這樣的商品。

後來因為一次性口罩持續缺貨、即使可以入手，也漲價漲得很誇張。擅長針線活的家庭主婦們開始購買布料自己做布口罩，市面上的女性雜誌也附上布口罩的紙型，讓讀者可以依照紙型快速做出ＤＩＹ口罩。大概從五月份開始，可以在市面上看到精緻的手作口罩。日本的布料不但細緻，花色也很可愛，各大運動廠商、服飾店、雜貨品牌也推出自家商品，甚至有與插畫家和設計師聯名合作的設計款。日本短期內從看到台灣布口罩嘖嘖稱奇，一下子就自行生產出有如時尚單品般的布口罩，雖然防禦病毒方面不及醫療型口罩，但無論是外觀、材質機能方面的突發猛進，令人相當驚奇。

日本生活五年下的改變

在日生活五年多，經歷了許多重要事件：塑膠袋計費、勞動改革法成立、平成天皇退位，新天皇即位、消費稅從八%提升到十%、新冠肺炎爆發，日本鎖國、發布緊急事態宣言、新首相上台、東京奧運延期等等。

除了社會上的重大變遷，審視自己的生活，發現不知不覺中，日本的生活默默地影響了我的想法、生活習慣：

- 搭新幹線時，會特別想吃鐵路便當，而且要配啤酒或沙瓦。
- 健行或野餐的時候，會準備自己捏的飯糰。
- 雖然還是喜歡熱騰騰的飯菜，但也不排斥吃冷便當；冬天很渴的時候，也能接受店家提供的冰水。
- 出門會化妝，素顏見人時會有點渾身不對勁，也幾乎不會穿短褲、拖鞋出門。

・因為總覺得海外生活很寶貴，所以習慣記錄生活、上傳SNS。
・洗衣服會想要放入香香的柔軟精。
・更頻繁地跟人打招呼、道謝。
・走路半小時之內的距離都覺得很近，不用搭車。
・就算回台灣，也不太習慣邊走邊吃。
・講話變得太有禮貌，或有點過度意識他人感受，曾經因此被台灣朋友反問為什麼要那麼有禮貌，很不習慣。
・習慣一個人，無論旅行、外食、看展、泡湯，而且享受獨處的時光。
・安心地過馬路，日本的汽車會優先禮讓行人，即便在沒有紅綠燈的十字路口，汽車駕駛也會停下來確認沒有行人再行駛。
・回台灣搭捷運時，不敢在車廂內講手機。
・淺移默化地認為鴨肉跟牛肉是非日常的昂貴食材。
・講電話時會不自覺地敬禮點頭。
・講英文的發音變得有點日式，或是用正常的發音會覺得有點彆扭。

- 因為夏季有太多消臭商品，常常意識自己流汗時會不會很臭。
- 用中文寫E-mail時也會套用日文模式，加太多前情提要跟問候語。
- 本來很喜歡去電影院，但日本的電影票不便宜，而且西洋片上映時間比台灣晚，五年只去過一次電影院。
- 職場上的伴手禮文化，讓我出去玩一定會買伴手禮，還要算好數量。
- 幾乎每天都會使用微波爐熱飯菜。
- 生病不到萬不得已，不太會去看醫生。因為看醫生費用不低，下班後診所通常都關了，還得跟公司請假。
- 打工度假時為了省錢，習慣自己剪劉海。
- 因為一年到頭只有夏天會穿短袖，皮膚變白了。
- 認識來自各國、不同背景的人，透過與不同國家的同事一起工作、生活，感覺變得比以前更有國際觀了。也常常提醒自己要尊重別人的文化。
- 變得更喜歡大自然，會注意路途上的小花小草。
- 因為四季更迭的感受特別明顯，對時間的流逝也比在台灣更有感。

第8章

關於畫畫這件事

我偶爾會拿出當初打工度假的計畫書，提醒自己的初衷是什麼，不要因為忙碌的生活忘了要往哪裡去。來日本有一件重要的事：就是繼續畫畫、看展覽，吸收更多美感的刺激。只要現實狀況許可，就放膽地去做，用心去體會，才不會後悔。

利用平日去看展覽，日本的美術收藏品好豐富

打工度假的好處是，根據排班狀況，平日可以安排休假，避開人潮看看展覽、去觀光名所或參加活動。有時一天中只有上午懷石料理店的工作，我就會吃過午飯後去逛逛美術館。

日本的美術展覽會在展出前販售較便宜的「前賣券」（預售票），即使展覽開幕後，也可以在金券行購買。有些美術館會推出優惠的年票，除了一年內可以無限入館外，還有友好美術館打折、餐廳或酒吧優惠的好康。

在大阪時，我最常去的是位於天王寺的大阪市立美術館、中之島的國立國際美術館、阿倍野HARUKAS美術館。日本的展覽，除了展出國外的美術館藏作品外，國內的美術館不但數量多、珍貴的館藏也不少。

其中，位於大阪堺市的「慕夏美術館」，相較之下較少人知，卻是我很喜歡的美術館之一。慕夏是一位著名的捷克畫家，他筆下優雅又嫵媚的女性令人印象深刻。他的作品也曾經在台灣展示過，我從國中時期就很喜歡他那獨樹一格的裝飾風格。錯過了那次

來台的展覽，一直感到可惜，沒想到在大阪居然有個專門展出慕夏作品的美術館。原來是一名日本相機商人土居君雄，在慕夏還未成名前，往返歐洲做生意時，跟慕夏的兒子交好，並購入了大量慕夏的作品帶回日本。土居離世後，他的後代將作品捐贈給曾經居住過的大阪堺市，因此我們才能在日本欣賞到慕夏的真跡。

除了上述的土居君雄，企業家松方幸次郎也是著名的藝術收藏家。他為了完成在日本蓋一座博物館，讓一般民眾也能接觸到藝術作品的夢想，前前後後往返歐洲收藏了近萬幅作品。其中還包含了莫內、梵谷、羅丹的傑作。然而最終這個夢想因為戰爭等因素，未能在他在世時實現，他收藏的作品最後逸散各地、燒毀，僅剩下幾百幅。所幸剩下的西洋畫收藏品大多集結在東京上野的國立西洋美術館。因為有這些收藏家的努力，我們才不用遠道歐洲，就可以欣賞到這些珍貴的大師作品。

除此之外，日本也有不少藏身在小巷子的展覽空間、咖啡廳或書店附設的展間，可以輕鬆地接觸藝術作品，十分推薦！

體驗專門學校、畫畫聚會

因為沒有美術學科的背景，我曾經考慮過去專門學校進修。專門學校是一種以技職為主的教育體系，基本上日文程度有Ｎ２～Ｎ１，經濟能力許可，都可以入學，大多是兩年即可畢業。因為是私立學校，且藝術類的學費幾乎比其他科系還要貴，一年下來的學費要近百萬日圓，所以是否要入學，就要審慎評估了。為了讓即將畢業的高中生或想要進修的社會人士了解課程內容，專門學校都會定期舉辦體驗入學的活動（日文漢字為「見学」）。這時候可以透過網路報名，進行團體的學校參觀，體驗自己有興趣的科系，還可以實際完成一項作品帶回家。若對入學方式或學費有不清楚的地方，專門學校也會提供完整的諮詢服務。

我曾經體驗過大阪、東京的專門學校、美術大學附設的專門學校等，因為想要大致了解各種領域在學些什麼，所以上過平面設計、日本畫、插畫、素描、陶藝、油畫、版畫、雕刻等課程。雖然基於現實考量，最終還是放棄了昂貴的專門學校。不過透過這些體驗課程，也算是當了幾次的「一日留學生」，一窺專門學校的教學方式，如果有打算

京都造型藝術大學通信教育部的日本畫一日體驗，老師會教導大家使用日本畫顏料和金箔，練習上色。

將來去專門學校進修的人，有機會一定要先「見學」看看。

除了上述方式，我曾透過APP，參加過畫畫同好聚會。由主辦人規畫主題和地點，有時候是寫生，有時候會在咖啡廳裡一邊用餐一邊創作。一開始因互不認識，顯得挺生疏又尷尬，直到大家各自拿出自己的繪圖本子，從簡單的自我介紹和作品分享開始，有了共同話題，就漸漸地熱絡起來。我們也會互相交換聯絡方式，交流作品，收穫頗多。

先踏入這個圈子！插畫經紀公司辦的插畫進修課程

雖然最終我因為費用的考量，沒有走上留學之路，不過進修不是只有留學一途，短期的插畫課程，讓我跨出了在日本接觸插畫產業的第一步。

因緣際會下，我報名了某插畫經紀公司舉辦的「如何成為賣座的插畫家」課程。由插畫經紀公司的社長和業界講師主講，共有六堂課，不但可以獲得專業的知識，還有機

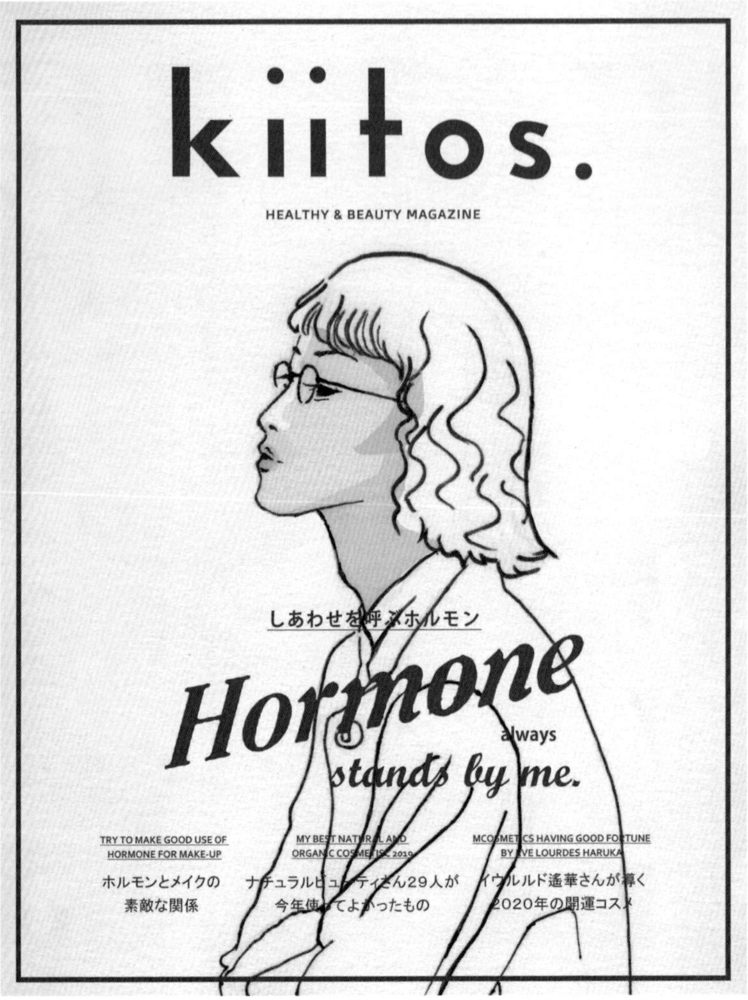

「插畫家跟畫家最大的不同，就是插畫家要一直意識到對誰溝通，並且要與時代跟流行接軌。」

會跟其他插畫家交流。

我的同學們個個都是插畫實力堅強的高手，還有幾位已經是專業的接案插畫家，辦過個展、跟大品牌和雜誌社合作。

開課地點在東京的代代木一帶，卻有遠從靜岡、岐阜、兵庫而來的同學。為了僅僅兩個小時的課程，要趕夜行巴士來回。真的是下足了決心走插畫這條路，才會做到這個地步吧？真讓我對他們肅然起敬。所以我也卯足了全力準備課程上要完成的作品。

這次的進修雖然短暫，卻得到了來日本獨自畫圖的日子裡，最大的收穫。主要是因為透過作業的訓練，把課堂上獲得的知識，和新的思考方法運用在實際的創作上，每一次都是新的突破。

例如第一份作業是雜誌封面，為了挑戰自己不熟悉的領域，我沒有選擇食譜雜誌作為主題，而是選了當時還不太熟悉的時尚流行雜誌，意外地受到講師的好評，也發現了另一塊可以拓展的分野（p.220）。

因為課程作業有明確的主題、目的作為前提，在下筆之前，必須進行一系列的準備工作：如查資料和點子發想、參考相關的插畫或廣告作品等等；再加上因為要在大家面前發表，就會試圖突破以往的習慣或媒材、技法，讓自己的作品更上層樓。對於每一張作業，講師們都會很客觀又精闢地給予我們專業的建議和回饋，在保留與發揮自己優點的同時，也能虛心地接受批評指教，注意到未曾意識到的問題，加以改進。

摘錄幾個課堂中我覺得很受用的概念：

• 插畫家要不斷走出舒適圈

很多插畫家只畫自己擅長或喜歡的主題。例如只畫兒童，如果客戶有成熟女性的插畫需求，可能就無法判斷該插畫家是否有能力勝任。所以多畫畫看不同的東西，有利於拓展自己的接案範圍。

• 人物插畫的重要性

市面上九成以上的插畫需求是人物插畫，如果只會畫動物或食物，工作量可能會有所限制。

‧增加input，才會有源源不絕的output

除了插畫領域，平時也要多關注其他資訊，包含電影、音樂、流行時尚、社會上的變遷，都是培養相關能力的管道。插畫就是要與現代流行有所接軌，提升對外界的敏感度，才能讓作品更傑出。要做到這一點就是要多想、多看、多學，增加input。

‧一直一直畫，能畫就是在累積你的資產

畫多了就可以看到自己的問題，把問題逼出來，再去破解，就像排毒一樣。插畫的畫面只停留在腦中不去動手畫，到頭來就只是想法而已。將他們畫出來就會變成實際的財產。（憑一雙手，一枝筆和一張紙就可以獲得財產，不是很棒嗎？）

所以，我常常告訴自己，空想沒有用，就是去動手執行吧！

一邊工作一邊畫畫

來到日本初期，我原本只計畫待一年，所以決定透過文字和插畫，把在日本的日常記錄下來。

現在人手一支智慧型手機，可以輕鬆地拍照、錄影，記錄每個時刻。不過如果以繪畫的方式記錄生活，對該事物的印象會變得特別深刻。因為繪畫時，需要仔細地觀察眼前景物的結構、光影、色彩等等。對我來說「繪生活」，是另一種更深層的生活體會。

我通常會在夜深人靜的晚上，或是下雨天哪兒都不想去的日子，窩在房間裡畫畫。偶爾也會在旅遊時或咖啡廳裡速寫，帶本輕薄的素描本和代針筆、塊狀水彩盤，就可以記錄當下眼前的風景或食物、人物了。

我最常畫的主題之一是食物。一來是我對料理很有興趣；二來是記錄日本的食物就像日記（因為我們每天都要吃三餐），每個食物的背後都有一些值得回味的回憶。比方說旅行時品嚐到的當地美食、跟朋友聚會時一起享受的料理、研究食譜後逐漸進步的自炊手藝等等。

起初只是這個單純的目的，因興趣而累積了作品，為了分享我的日本生活給親朋好友，或是跟我一樣對日本生活、插畫有興趣的人，便把作品發表在部落格和社群網站上，後來很幸運地，透過朋友的牽線，我也接到了一些插畫的工作。在正職的工作中，獲得同事的支持與上司的青睞，將自己的插畫刊登在當時公司發行的旅遊刊物中，讓來日本觀光的台灣旅人，能看到不一樣的旅遊介紹。更令人開心的，是我能有機會出版這本書，分享我的作品與日本生活給大家。

第9章

初衷與夢想

在第一章，提到我為了「追夢」，而踏上日本的國土。

我在追什麼樣的「夢」呢？

想要體驗日本生活、想要創作些什麼、想要看得懂日文設計書、與日本人無阻礙地交流、想要畫插畫、想要成為插畫家……

這追夢的過程，一路上跌跌撞撞、蜿蜒又崎嶇。離家的五年，遇到的挫折，與我曾經錯失的人、事、物，可說是不計其數。在看似光鮮亮麗、歡笑滿滿的海外生活的另一面，也有著艱辛的淚水和道不盡的寂寞。

獨自一個人在海外闖蕩，不斷告訴自己要勇敢向前、逼自己努力再努力，有時候會迷失方向，自我懷疑，常常問自己「我為什麼在這裡？」、「我還要堅持多久？」。我一直以為自己還在尋尋覓覓，在追夢的路上，總是覺得自己「好像還不夠」。

直到透過寫這本書，我回顧了這五年的點點滴滴，才發現，其實我早已經達成了當初設下的目標。

從拿到簽證，下飛機的那一刻，就已經開啟了我的日本生活；撰寫部落格、這本書的出版，我就是在創作；透過插畫接到案子、刊登我的作品在旅遊小冊子上，我就是在做插畫這項工作；可以用日文跟同事討論工作、向客戶說明自己寫的案子、幫新入社員上行銷課、跟日本室友聊天、打電話給政府機關，解決生活大小事等等。雖然日語能力遠不及母語人士，至少我可以溝通、侃侃而談，沒有阻礙了。

自從發現自己早已走在夢想的道路上，便感到眼前如迷霧般的不確定感慢慢消失，看清楚自己踩在哪個位置，心裡踏實多了。除此之外，我還擁有了比以往更廣闊的視野、結識各國的朋友、更認識自己，進而更想去了解我曾經太過習慣的土地——台灣。

希望這本跨越五年回憶的圖文，可以給正在追夢的你／妳，一點點小小的鼓勵。

題目：「東京的旅人」

感謝

二〇一八年九月收到出書的邀約後，經歷了從大阪調動至東京、部門調動及改組、待業與轉職，每天都像在跟工作與生活打仗，前前後後經過了快四年，才終於完成這本書。

首先要感謝健行出版社副總編輯敏英的賞識，才讓這本書可以有機會出版，我的日本生活也能有個總結與回顧。

我是進入社會三年左右，才終於下定決心重拾畫筆，現在回過頭去看以前的作品，真是忍不住捏了一把冷汗。但那時候居然已經有一些朋友和粉絲，一直到現在依然支持我持續地畫下去，也總是在我自我懷疑的時候，補一劑強心針，真的真的非常感謝。

來到日本後，我遇到許多溫暖的朋友與同事，謝謝你們的陪伴，豐富了我的日本生

在新冠肺炎的影響下，焦慮待業的夏日的某一天，收到友人寄來的繡球花盆栽和這一段話：「有根的植物可以讓自己安定下來。祝福妳，希望妳在日本有好的發展！」。隔年的梅雨季，她開出了一球球粉桃紅色的花朵。這也是我第一次種出開花的盆栽。

活、添增了許多難忘的美好回憶。

更要感謝放手讓我出國闖蕩的爸媽，謝謝一直以來不斷為我打氣加油的姊姊。以及我在江坂、巢鴨share house的室友們，讓我在海外能有回到家的感覺，遇到困難有人可以訴苦、解憂，一起歡笑、一起出遊。

謝謝你們！在日本生活、畫插畫這條路上，你們的每一句鼓勵與讚美我都留在心裡，全部都是我的珍寶。

愛　生　活　　0　6　6

手繪旅日拾光：用插畫記錄我的日本生活

國家圖書館出版品預行編目 (CIP) 資料

手繪旅日拾光：用插畫記錄我的日本生活 / 袁育媃著 . -- 初版 . -- 臺北市 :
健行文化出版事業有限公司出版 : 九歌出版社有限公司發行 , 2022.07
面； 公分 . -- (愛生活 ; 66)
ISBN 978-626-96057-0-5(平裝)

1.CST: 遊記　2.CST: 插畫　3.CST: 日本

731.9　　111007039

作　　者——袁育媃
繪　　圖——袁育媃
責任編輯——曾敏英
發 行 人——蔡澤蘋
出　　版——健行文化出版事業有限公司
台北市 105 八德路 3 段 12 巷 57 弄 40 號
電話／ 02-25776564・傳真／ 02-25789205
郵政劃撥／ 0112263-4

九歌文學網　www.chiuko.com.tw

印　　刷——前進彩藝有限公司
法律顧問——龍躍天律師 ・ 蕭雄淋律師 ・ 董安丹律師
初　　版——2022 年 7 月
定　　價——420 元
書　　號——0207066
I S B N ——978-626-96057-0-5
9786269605712(PDF)
（缺頁、破損或裝訂錯誤，請寄回本公司更換）